アニエス・ヴァルダ

Agnès VARDA

愛と記憶のシネアスト

編＝金子 遊・若林 良・吉田悠樹彦

neoneo 編集室

インタビュー

論考

インタビュー

アニエス・ヴァルダは愛情深く好奇心旺盛、同時に要求が厳しい母親でした

ロザリー・ヴァルダ

聞き手・写真：魚住桜子

ロザリー・ヴァルダはアニエス・ヴァルダの娘で一九五八年五月二八日、パリで生まれた。養父であるジャック・ドゥミの映画『シェルブールの雨傘』のラストシーンで、カトリーヌ・ドヌーヴ演じる主人公の娘役でスクリーンデビューを飾るものの、衣装デザイナーの道へ進む。二〇〇八年以降は、それまでの仕事を辞してヴァルダとドゥミの製作会社「シネ＝タマリス」の運営を一手に担い、母親アニエスのサポートに専念した。知られざる母の素顔と自らの軌跡を聞かせてくれた。

アニエス・ヴァルダの「三つの人生」

――あなたはアニエス・ヴァルダの娘であり、後期は「シネ＝タマリス」の運営を一手に引き受け、仕事上でも最大のパートナーでした。アニエス監督のことを最も知る人物ではないでしょうか。

ロザリー・ヴァルダ（以下、RV） 私だけではなく、弟のマチュー・ドゥミも母のことをよく知る人物です。そ

れにアニエス・ヴァルダとジャック・ドゥミの作品を管理してきた家族経営の製作会社「シネ＝タマリス」の優秀なスタッフもいます。とりわけ晩年の一五年間は、母のプロジェクトの全てに私は付き添ってきました。母親をサポートしながら、芸術的なコラボレーションをしたいという欲求と親愛の念にかられたからです。

アニエスは一九五〇年に写真家としてのキャリアをスタートしました。様々な国でルポルタージュをし、劇場カメラマンとしても活躍しました。私たちには、多くの貴重な記録が残されたので、それらを整理して出典を明確にしていかなければなりません。「写真」は彼女の生涯において、切っても切れない存在でした。私は彼女のフォトグラファーとしての背景をよく知っていますが、世間ではそれほど知られていません。その価値を高めるために、いま写真家としてのアニエス・ヴァルダの展覧会を計画中です。

――アニエス監督は写真家、映画作家、ビジュアルアーティストとして「三つの人生」を生きたと語っています。

RV　私にとっては次のように言えます。アニエスには「三つの人生」が二通りありました。二人の子供、たくさんの猫と過ごした家族との人生、いくつかのラブストーリー、そしてジャック・ドゥミとの大恋愛と、愛に満ちた人生です。それから三つの職業を生きた人生。アニエスが二〇一九年三月二九日に亡くなったとき、ほとんどの人にとって、彼女は「おばあさん」のイメージしかなかったはず。彼女の晩年だけを見ているからです。が、母の人生には、長い仕事の軌跡があります。幸福、不幸、成功、失敗をくぐり抜けた感動と波乱に満ちた九〇年に及ぶ長い旅。私はこれからグローバルな方法で彼女の功績を語り継ぎたいと思っているのです。

――アニエス監督はビジュアルアーティストとして、多くの展覧会を催されましたが、今後、どのような回顧展を考えておられるのですか？

RV　彼女のビジュアルアーティストとしての幕開けは七五歳でした。二〇〇三年、ヴェネチア・ビエンナーレで《パタテュートピア Patatutopia》というインスタレーションを展示してビジュアルアーティストとしてデビューを飾ったのです。これは映画『落穂拾い』（二〇〇〇）に登場したハート型のジャガイモが芽を吹いて萎びていく様を三面のビデオ作品にし、会場には七〇〇キロものジャガイモが運ばれたインスタレーションです。野菜の中で最も質素で慎ましいジャガイモを題材にしたのが彼女らしいでしょう。二〇〇六年にはパリのカルティエ現代美術財団で〈島と彼女〉という展覧会を開催。そこでは《ノワールムチエ島の未亡人》（二〇〇四～〇五）や『冬の旅』（一九八五）の静止映像や動画を盛り込みました。三五ミリフィルムで壁を覆った「映画の部屋」を設置し、来場者が作品に「参加」できる、新たな展示法を提案しました。また、過去・永続性・現在といった三つの異なる時間軸を表現した映像インスタレーションの個展はアメリカ、中国、フランス、スペイン、イギリス、日本を巡回しました。これは彼女の知られていない仕事の一つですが、他にも知ってもらいたい仕事はたくさんあります。アニエスは一〇年間で約三〇に及ぶインスタレーションに取り組みました。汲めども尽きぬ好奇心を持って、最期まで働き続けたのです！

――後期は多くのドキュメンタリーも手掛けられました。

RV ええ。日本でも好評だったのは『顔たち、ところどころ』（二〇一七）。五四歳も年の差のあるアーティストのJRとフランスの田舎町を旅し、市井の人たちに出会って人生のひと時を共有します。アニエスは髪の毛を頭の途中からツートーンに染めていたから、すぐに周囲の人々に気づかれました。有名であろうと無名であろうと、ホームレスであろうとも、分け隔てなく他人に心を寄せました。いつもオープンに人々の声に耳を傾け共感する性質《たち》だったので、見知らぬ人ともすぐに打ち解け、私的な話を聞かせてもらえたのです。

――『落穂拾い』にはその視点が如実に表れていました。

RV　あの作品はデジタルの小型カメラのおかげで撮れました。成田空港の免税店で買ったソニーの製品なんですよ。二〇〇〇年から、あの小型カメラによって、インタビューする人々に接近し、多くのドキュメンタリーを撮影しました。二年後、彼らのその後の姿を捉えた続編『落穂拾い・二年後』（二〇〇二）も同じカメラと手法で撮影していました。この二本が世界中で話題を呼び、新たな世代が彼女の映画に興味を持つきっかけになりました。これらの作品で取り上げたテーマは環境、廃棄物、貧しい人々についてです。現代における深刻な社会問題であり、かつてないほど問題視されていることを、二〇年前に映像化していたのです！

——二〇〇〇年代初頭から、アニエス監督は自身の人生を語り始めた印象があります。

RV　彼女は自分語りをしているのではなく、自己陶酔的でもなければセルフポートレート的な思惑も一切ありません。ドキュメンタリーを通して、人々の私的な話を聞き出し、彼女自身の一部を作品に同化させていきます。つまり普遍的な領域と私的な領域を一体化させた、「共有」に他なりません。まるでパズルのように、人々の話と彼女自身の話を繋げていきました。

——アニエス監督は最後のドキュメンタリー『アニエスによるヴァルダ』（二〇一九）で、最も大切なことは「ひらめき」、「創造」、「共有」の三つのキーワードだと語っていました。

RV　ええ。彼女が若い映画監督や観客に最も伝えたかったことなのです。常に好奇心を持ち続けること、「文化」はどんな人にとっても近い存在でなければならないことを唱えています。個人的な見解ですが、母は観念的なインテリではなく、ヒューマニストでした。この二つは全く違います。アニエスは映画に関する理論や論考を書いたことがありませんし、より直感的で、人間的な温かさを持った人でした。

ヌーヴェルヴァーグの例外的な存在

――アニエス監督は「ヌーヴェルヴァーグの祖母」と呼ばれていました。同時に、非常に「過激な」女性監督というイメージも持たれていたようですが……。

RV なぜなら一九五五年にヌーヴェルヴァーグの監督よりもいち早く初監督長編『ラ・ポワント・クールト』を発表したからです。あれは非常に実験的な野心作だったと思います。興行成績は振るわず、全くうまくいきませんでしたが……。一九五〇年代、女性監督はジャクリーヌ・オードリーの他にいなかったし、女性の映画批評家や映画ジャーナリストもいなかった。『カイエ・デュ・シネマ』の批評家はみな男性でした。将来、ヌーヴェルヴァーグの監督として脚光をあびる人々は男性優位主義で、アニエスのデビュー作を認めなかったのです。

とはいえ映画史家はヌーヴェルヴァーグの初めての作品は『ラ・ポワント・クールト』だと言っています。彼女は「ヌーヴェルヴァーグの祖母」と呼ばれていましたが、なぜ「おばあちゃん」なのか？　アニエスはヌーヴェルヴァーグの監督たちと同世代だったのに！　私からすると、意地悪で揶揄のように聞こえるのです。すごく女性蔑視的で誤解を招く呼び方だと思います。

――『ラ・ポワント・クールト』の編集をしたアラン・レネは、編集中に「このシーンはヴィスコンティの『揺れる大地』を想起させる、ロッセリーニのような撮り方だ！」と興奮しながら言って、アニエス監督を苛立たせたと聞きます。なぜなら彼女はそれ以前に映画をほとんど見たことがなかったそうですから……。

RV 確かにその通り。彼女はシネフィルだったことはなく、それらの作品を見たことすらなかったのは確かです。重要なことは物語そのものではなく、物語をどのように見つめるのか。どのように伝えるのか。「視点」

こそが、肝心です。倦怠期の男女のドラマは多かれ少なかれ、似たような内容ですが、『ラ・ポワント・クールト』の演出は非常に興味深い視点を提示しています。

――アニエス監督が語る物語は独特な鋭い視点を持ちながらも普遍的だと思います。

RV 『5時から7時までのクレオ』（一九六二）、『幸福』（一九六五）のように彼女の作品は全て普遍的です。アニエスは日本とは常に友好関係を築いていたのですよ。日本では彼女の作品は、とても好意的に迎えられましたし、長年にわたって配給会社ザジフィルムズの志村大祐さんと友好関係を持ちました。岩波ホールの高野悦子さんとも親しくさせていただきました。高野さんはパリにやってきたとき、母に素晴らしい真珠の指輪を贈ってくれたのですが、不覚にも紛失してしまい、本当に悲しい思いをしました。なぜなら私自身が身につけたかったからです！　アニエスは日本で彼女の作品のために奔走してくれた高野悦子さんを心からリスペクトしていました。

――アニエス監督は小柄な女性ですが、これまで独自の路線で多くの常識を打ち破ってきました。最近、『歌う女・歌わない女』（一九七七）を見直した時に、自分の育った社会がどれほど男性優位的な文化だったのかと気づかされました。

RV 彼女は一五〇センチメートルと小柄ですが、重要なのは外見ではなく知性、勇気、才能です！『歌う女・歌わない女』は私が成人を迎える一八歳の時に撮られた作品です。これから女性として生きていく私にはなむけとして捧げてくれた、誕生記念のような映画です。避妊や中絶の権利を求めることは、決して何かに「勝つ」ことではありません。あれからフランスの状況は大きく変化を遂げましたが、いまでも男女の地位や賃金の格差はいたるところで存在します。女性は経済的自立のために闘い続けなければならない。ところでこの作品が日本で公開された時、すごいカルチャーショックがあったのではないでしょうか？

――フランスだってそうだったのではありませんか？

RV もちろんです！　ですがフェミニズムはムーブメント（運動）ではありません。多様性のある様々な男性と女性がいて、フェミニストの男性だっています。それにフェミニズムの理論家、社会学者、民俗学者、人類学者、歴史家、芸術家もいます。アニエス・ヴァルダの人生におけるフェミニズムに話を戻すと、彼女は非常に聡明で公正であり、決して攻撃的な女権拡張主義者ではありませんでした。社会は常に男性の存在と助けによって変化していけると、彼女は信じていました。

ドゥミ&ヴァルダ、偉大な映画作家の娘として

――アニエス・ヴァルダの娘として、どのように育てられたのか、お聞かせください。

RV 私は父と母から育てられました。アニエスと共に私を育てたジャック・ドゥミは私の本当の父ではありませんが、養女として育てられました。

――なぜ本当の父親の姓を名乗らなかったのですか？

RV なぜなら母は妊娠中に私の生物学上の父である演劇人のアントワーヌ・ブルセイエと訣別しました。彼らは結婚していなかったので、母は自分が親権を持ちたいと主張したのです。当時の法律はいまとは違って、生まれた子供は自動的に父の姓を名乗ることになっていましたから。父は母に親権を譲ることを承諾し、私は母の姓を名乗ることになりました。私自身は本当の父をよく知っていますし、彼との間には何の軋轢もありませ

ロザリー・ヴァルダとアニエス・ヴァルダ

んでした。ただ、出生直後から私を育ててくれたのはジャック・ドゥミで、彼の養女になったのは一九九〇年。ジャックが亡くなった年です。

――二人の映画作家からどのような教育を受けて育ったのですか?

RV　ごく普通のノーマルな教育です。幼い頃から、努力すれば夢は叶えられると言い聞かされてきました。仕事を持って、男性に依存せずに経済的に自立する。避妊を選択する。男性、もしくは女性を愛する。子供を持つか、持たないかの選択は自らする。家族を作ることだけが人生の唯一の目標ではなく、子供を持たなくても充実した人生を過ごせる、などと。

　アニエスにとっての最大の生き甲斐は幸せになること、仕事を持つこと、愛に生きることでした。私はよくフェミニストの教育を受けたと勘違いされるのですが、私自身は普通の、少なくとも真っ当な教育を受けたと思っています。

――あなたはアニエス監督と同じようにルーブル美術

学校で学ばれたのですか？

ＲＶ　いいえ、ルーブル美術学校の講義を受けたことはありますが、ディプロムは取得していません。私はオートクチュールのファッションデザイナーになるための学校へ進み、衣装デザイナーになりました。そしてオペラ、演劇、映画の衣装を手掛けました。その後、広告のアートディレクターを務めた時期もあります。そして二〇〇七年に、それらの仕事をすっぱりと辞めて、アニエスの仕事を全面的に支えるため「シネ＝タマリス」の仕事に専念しました。まずはジャック・ドゥミの全作品を修復しデジタル化して、劇場で上映できるようにしました。それから二〇一三年、パリのシネマテーク・フランセーズで開催されたジャック・ドゥミの回顧展〈ジャック・ドゥミの世界の魅惑　Le monde enchanté de Jacques Demy〉の準備。ＤＶＤとブルーレイの製作と資料の作成、同時にアニエスの後期の作品のプロデュースと製作管理《アドミニストラション》を一手に引き受けました。

――あなたは舞台芸術の衣装を数多く手掛けてきましたが、映画の衣装はジャック・ドゥミ監督が日本から注文された『ベルサイユのばら』（一九七八）が初めてですね？　両親の作品を中心に関わってこられたと思います。

ＲＶ　衣装は映画や演劇、オペラなどの登場人物が生き生きと動く助けとなりますから、衣装デザイナーとしての仕事は大好きでした。ジャックの作品は『夜明け』（一九八〇）、『都会のひと部屋』（一九八二）、『想い出のマルセイユ』（一九八八）。アニエスの作品は『冬の旅』（一九八五）、『アニエスv.によるジェーンb.』（一九八七）、『百一夜』（一九九五）、短編『ライオンの消滅』（二〇〇三）とドキュメンタリー『アニエスの浜辺』（二〇〇八）を手掛けました。母と仕事することは難しくないかと、しょっちゅう聞かれましたが、複雑だったことは一度もありません。

――衣装デザイナーのキャリアを辞して母親のサポートに徹することは、いつ頃から考えられたのですか？

RV　二〇〇八年から二〇〇九年にかけて、それまでの仕事を全て辞めました。「シネ＝タマリス」の運営存続もありますが、母でありアーティストであるアニエス・ヴァルダにはアーティストとしての仕事に専念してもらいたかったし、あらゆる面で彼女をサポートしたいと思いました。それ以外の問題は私が全部対処する。そして彼女の作品のプロデューサーも兼任しました。私はあの決断には全く後悔がありませんし、彼女と一緒に経験したこと全て、一緒に製作した全ての創作を誇りに思っています。

——アニエス監督には気難しいイメージを持つ人もいましたが……。

RV　もちろん、一切の妥協はないから容易な人物ではなかったですよ。とはいえ厳しい要求には確固たる理由があるのです！　妥協しないことは彼女の創作の重要な核にあったと思います。妥協のなさは彼女のプロジェクトを達成するために必要不可欠な要素です。もし彼女がこのようなことをやりたいと言って、それが困難を極めるとしても、私は彼女の願いを叶えるために絶対に諦めないで奔走しました。彼女の映画や展覧会を実現させるアシスタントもしましたし、私のプロデューサーの手腕は私にかかっていると実感していました。彼女の年齢では、もはや創造以外にエネルギーを注ぐことはできませんでしたから。

——あなたは五歳の時に『シェルブールの雨傘』（一九六四）に登場されました。これまでアニエス監督の『ダゲール街の人々』（一九七五）、『歌う女・歌わない女』など、両親の作品には時々出演されていますが、女優になる道を考えたことはなかったのですか？

RV　両親の作品への出演は端役のエキストラにすぎません。私は女優になりたいと思ったことは一度もありません。女優になるためには相当ナルシスティックでなければならず、そのような幻想を持ったことはありません。

時代を超えて新世代に語りかける、彼女の視点

――アニエス監督はプライベートでは、どのような母親でしたか？

RV 愛情深い母親で、クリエイティブで好奇心旺盛な母親でした。同時に要求が厳しい母親。つまり教育水準が高い学校でしっかりと勉強することが大切で、礼儀正しく振る舞う必要がありました。彼女は自分自身にも厳しかったけれど、子供たちにも同じく厳しかった。いまとなっては、それは大変重要なことだと実感しています。

――アーティストの両親を持つことは、日常的に彼らのエゴを受けいれることでもあるのではないかと想像します。

RV アーティストはエゴを持つ必要があります。ですがアーティストではなくても、エゴの強い親はいるでしょう。個人の差だと思います。アニエスは本当の意味で子供を育てた、存在感の大きな母親でした。彼女は働いていたから、毎朝私を学校に送ってくれたわけではありません。でも教育において、それは重要なことではありません。重要なのは、親子関係の質であり存在の大きさだと、私は思っています。

――二〇一八年のカンヌ映画祭において、映画業界の男女平等を求める５０５０×２０２０運動で、アニエス監督が八二人の女性映画関係者とレッドカーペットの階段を上って抗議した姿を見たときに、あらためて強い意思を感じました。

RV 彼女は生涯をかけて女性を励まし続けました。現在は多くの女性監督がいますし、多くの女性プロデュ

ーサーや女性の技術スタッフがいます。おそらくいまの新しい世代を見て彼女は喜んでいるはずです。彼女たちは自分の人生を、自分の意思によって決めていますから。アニエスのデビュー当時に想いを馳せると、どれだけ環境が変わったことでしょう！　彼女は先頭に立って、自らその姿を示した。「私は老いてしまったから、若い世代が引き継いでいかなきゃならないわ」と常に言っていました。

――アニエス監督のバトンは次の世代に渡され、彼女の作品は永遠に残ります。

RV　アーティストは、死後も作品が残るという幸運に恵まれています。アニエスの映画は常に現代的で、古い価値観は全くありません。それは素晴らしいことであり、彼女の映画、写真、インスタレーション――彼女の意識と視点は時代を超越し、観客や新世代に語りかけます。彼女の映画を上映するたびに、劇場は三〇歳未満の若い観客で溢れかえるのですから、母は幸運だと思います。私自身はその「仲介役」です。今後も彼女の作品を紹介し続けますが、私の後に彼女の映画を語り継ぐ人々が出てくることを願っています。

――癌で亡くなったとお聞きしましたが、最期はどのように過ごされたのでしょうか。

RV　乳癌が肺に転移しました。二〇一九年二月のベルリン国際映画祭で、『アニエスによるヴァルダ』を上映したとき、すでに末期で、もうすぐ死ぬことを本人も知っていました。記者会見でアニエスが「もう私は話しません。今後は娘が続けます」と言ったことは感動的でした。そして、こんにちでも、そのことについて話すと、まだ動揺を隠すことができません。彼女がまもなく死ぬことを知っていたのですから……。アニエスは長く苦しむことのない癌を患い、素早く逝ったのですから、ある意味では幸運だったのかもしれません。

彼女の死の数日前、〈中庭の三つの部屋〉というタイトルのインスタレーション展のオープニングをしたばかりでした。ロワール川流域のシャンボール城に近い、歴史的建造物であるショーモン城という、庭園のある美しく素晴らしい場所での展覧会でした。

彼女は家族や親しい友人に囲まれて自宅で亡くなりました……。私は全てのアーティストが人生の終わりまで働くことができるようにと願っています。そして、近い将来、アニエスの生涯にわたる大きな展覧会を日本で開催できたらと思っています。

（二〇二一年五月一四日　パリにて収録）

論考

アニエス・ヴァルダ

愛と記憶のシネアスト

『アニエスによるヴァルダ』

アニエスからあなたへ

大寺眞輔

二〇一九年三月二九日、アニエス・ヴァルダが亡くなった。乳癌。九〇歳だった。パリの自宅で、家族たちに囲まれての死だったという。年齢に伴う心身の衰えや病については、その人生と作品を断片的コラージュのように綴った後期作品群でも何度か触れられていた。いや、死の影や癌への恐怖については、彼女のデビュー作『ラ・ポワント・クールト』(一九五五)や出世作『5時から7時までのクレオ』(一九六二)から既に明確に語られていたと言うべきだろうか。アニエスは映画史に残る偉大なシネアストだった。アカデミー、カンヌ、ロカルノといった世界の主要映画祭はこぞって彼女に生涯名誉賞を与えた。二〇一五年にカンヌ国際映画祭でパルム・ドヌールを受け取った際、アニエスは長年にわたる自らの抵抗と忍耐を讃えたものとしてこの賞賛を受け取るとスピーチした。カンヌで名誉賞を得たのはウディ・アレン、マノエル・ド・オリヴェイラ、クリント・イーストウッド、ベルナルド・ベルトルッチに続いて五人目であり、女性としては初めての快挙だった。アニエスはまた、様々な形容詞で呼ばれてきた。ヌーヴェル・ヴァーグの祖母、疲れを知らないフェミニスト、ジャック・ドゥミのパートナー、現代女性映画作家のパイオニア、ドキュメンタリー映画の変革者、多面的ビジュアルアーティスト。そのいずれもが、彼女のある側面の確かな反映であり、そして同時に、彼女の全体像を要約する言葉としては全く足りない。

アニエス・ヴァルダは、その九〇年の生涯の中で、時には社会に抵抗し、時には家族や友人たちと愛を育み、時には孤独に打ちひしがれ、時には作品を作る喜びに輝き、そしてそのいずれの時にあっても、アニエスとは誰かという問いと正面から向き合い、自分の道を自分の力で切り開いた果敢なインディペンデント・アーティストだった。アニエスはアニエスだった。その道のりは決して平坦なものではなく、だからこそ一層、多くの人々が彼女が彼女であったことを祝福した。アニエス・ヴァルダの名前は、彼女に影響を受けた者たち、その業績を引き継ぐ者たち、そして彼女の作品を愛する者たちには、決して忘れられないだろう。アニエス・ヴァルダという一人のアーティストの全ては彼女のものであり、そして同時に、それは未来への可能性として私たちの前に開かれている。

アルレットからアニエスへ

一九二八年五月三〇日、アニエス・ヴァルダはベルギーのブリュッセルで生まれた。幼少期の名前はアルレット。これは後に自ら改名している。母親は南仏セートの出身であり、処女作『ラ・ポワント・クールト』はその母の故郷を舞台にした作品だった。アルレット自身も第二次世界大戦中はセートに疎開し、ボート暮らしをしたとのことだ。父親はトルコのアナトリアから来たギリシャ系難民だった。父は自らの出自について子供たちに詳しく話すことはなかったが、エーゲ海の美しさに対してはその深い愛情を隠すことがなかった。ヴァルダの作品にしばしば登場する海や海岸は、両親の思い出と直接結びついている。全ての人の心の中には特別な風景が必ず一つ以上存在するというのがヴァルダの持論であり、彼女の場合は海がそれに該当した。セートで過ごした子供時代、アルレットは近所で家具工房を営んでいたシュレーゲル家の三人の娘たちとよく遊んだ。長女アンドレは俳優ジャン・ヴィラールと結婚し、ヴァルダがアーティストとして社会に出る手助けをした。次女シュザンヌは写真術の魅力をヴァルダに教えた。三女ヴァランティーヌは後に有名な彫刻家となり、ヴァルダが最初に妊娠した時に作った彫刻《ロザリーの家》をタイトルにした書物 *La maison de Rosalie* が二〇二〇年に共著として出版された。彼女たちとの交流を通じて、ヴァルダは次第にアーティストとして生きること、そして自由に自分らしく生きることに価値を置くようになった。

パリに出たヴァルダはソルボンヌ大学に通い、文学と精神分析を学んだ。はじめてのパリでの生活は孤独で苦痛に満ちたものだったと彼女は回想している。周囲の学生たちがセクシャルな体験についてオープンに話すのを聞きながら、それまでボーイフレンドと付き合ったことのなかった彼女は男性中心的な社会の中でこれからどうやって生きていけば良いか、ひどく怖れていたとのことだ。その頃、ヴァルダは裁判所に赴き、正式な手続きによって自らアニエスと改名した。これは父親の出身地ギリシャに由来する名前で、「純潔」を意味している。また持ち物を全て売り払って列車のチケットを買い、マルセイユからコルシカ島に至る放浪の一人旅も行っている。漁師の手伝いで日銭を稼ぎながら暮らしたこの時の経験と記憶は、『冬の旅』(一九八五)の主人公モナの描写にも反映されただろう。彼女と彼女の作品との距離はとても近い。ソルボンヌ卒業後、アニエスは美術史を学びながら美術館のキュレーターを目指し、同時にナイトスクールで写真を学んだ。家族写真や結婚式の写真を撮るアルバイトは、大学を出たばかりでまだ何者でもなかった彼女の生活を支えた。この頃、シュレーゲル家の長女アンドレが著名な俳優ジャン・ヴィラールと結婚したことで、プロフェッショナルなアーティストへの門戸が開かれる。ヴィラールの招きによって国立民衆劇場の専属写真家となったアニエスは、ここで一九五一年から六一年まで一〇年間働くことになるが、その間にヨーロッパ中からフォトジャーナリストとしての仕事が舞い込むことになった。

セートでの幼少期は勿論、パリに出てからの学生時代にもアニエスは決して映画ファンではなかった。自ら映画を撮り始めるまで、年に一本映画を見れば良い方だったと彼女は述べている。アニエスはアーティストになろうとしたのであって、決して自覚的に映画作家を目指したわけではなかったのだ。一九五四年、シュレーゲル家の次女シュザンヌの夫であるピエールが脳腫瘍を患い、余命幾ばくもないと知った時、アニエスは彼らとの思い出を記録に残そうと三人でセートに赴き、ラ・ポワント・クールトの風景を写真に撮った。そして次に、その写真を元に長編劇映画を作ろうとした。この時点では、映画はアニエスにとってアーティストとして自らの表現欲を満たすために採用された一つの手段に過ぎなかった。だが、映画製作を実現するための巨大な資金が手元にあった訳ではない。映画界の大立者から声をかけられた訳でもない。亡くなったばかりの父親からのごく僅かな遺産、母親からの借金、そしてパリで知り合ったアーティストたちや国立民衆劇場の俳優たちからの無償労働という幾つかの支援のみが彼女の支えだった。当時のフランス映画界では、小さな独立プロダクションが既に数多く存在し、それぞれ年に数本の作品を作っていた。だが、そうした中でも自らプロデューサーを兼任しながら長編劇映画を監督した女性アニエス・ヴァルダの存在は極めて異色であり際だっていた。これが彼女の処女作『ラ・ポワント・クールト』となった。彼女は映画製作の体制作りのため「タマリス・フィルムズ」を興した。観用植物のタマリスク（ギョリュウ）に因んで付けられた名前だとのことだ。後に「シネ＝タマリス」と改名され、ヴァルダとドゥミの映画製作、および配給公開、ＤＶＤ製作などを行った。

君は美しい階段を持ってるね

一九五四年秋、『ラ・ポワント・クールト』の撮影をほぼ終えたアニエスは友人たちの勧めと紹介でアラン・レネと会った。この作品の編集を依頼するためだった。レネは『ヴァン・ゴッホ』（一九四八）や『ゲルニカ』（一九五〇）などの短編で既にパリで話題の新人映画作家として確固たる地位を築いており、数ヶ月後には『夜と霧』（一九五五）の企画を立ち上げるべく準備を進めていた。当初、レネはこの作品が自分の別の企画（後に長編処女作として完成した『二十四時間の情事』（一九五九））と物語構造がよく似ていると考えたとのことで、彼女からの依頼を断っていた。しかし、アニエスの粘り強い説得によって最終的には編集を引き受けた。アニエスが暮らしていたダゲール街のアパートで二人は編集作業を行ったが、知的で饒舌なレネはフィルムをつなぎ合わせながら一瞬たりとも映画の話を止めようとせず、アニエスの作品をルキノ・ヴィスコンティやミケランジェロ・アントニオーニと比較し続けた。それらの固有名詞を全く理解できなかった負けず嫌いのアニエスは、レネと闘うためやがて映画を学ぼうと決心し、シネマテーク・フランセーズに足繁く通うようになった。レネはパリのシネフィル世界へとアニエスを誘う重要な導き手となり、生涯の友人ともなったが、猫好きという以外には二人の間に性格的共通点は一つもなかったとレネは後に回想している。一方、シネマテーク・フランセーズはアニエスの心に深い映画愛好を育み、アニエスはそこで数多くの映画を見た。一九八六年にはシネマテーク創立五〇周年を祝う記念映画を彼女が製作し、世界中の名作が上映されたスクリーンへと通じる旧シネマテークの階段の美しさを讃えた(『君は美しい階段を持ってるね』〔一九八六〕。このタイトルは、マルセル・カルネ『霧の波止場』〔一九三八〕でジャン・ギャバンがミシェル・モルガンを口説く時の台詞「君は美しい瞳を持ってるね」をもじっている)。

『ラ・ポワント・クールト』

アニエスが『ラ・ポワント・クールト』を製作した当時のフランス映画界は、その資本金の額に応じて長編映画を製作できる映画会社を限定するという階級的仕組みを敷いており、彼女のタマリス・フィルムズはそのカテゴリーに属していなかった。旧弊な社会システムによって、彼女は完成した作品を劇場公開する道を阻まれていた。困ったアニエスは、レネのアドバイスに従って映画批評家アンドレ・バザンと連絡を取り、『ラ・ポワント・クールト』を見てもらった。作品を気に入ったバザンは彼女に幾つかのアドバイスをした。それは、カンヌ国際映画祭が行われている期間中にその避暑地の映画館を借りて試写会を行うこと、そしてその告知を業界誌に載せること、さらには批評家や映画人を上映に招待するということだった。アニエスがその全てのアドバイスに従った結果、『ラ・ポワント・クールト』に対する好意的レビューが日刊紙や映画雑誌などに次第に掲載されるようになった。さらに、バザンの勧めで作品を見た伝説的映画プロデューサー、ピエール・ブロンベルジェが自ら所有するシネマ・デュ・パンテオンで自主上映を行い、さらにステュディオ・パルナスで一ヶ月間レイトショー上映も行われた。アーティストの友人たちや批評家、ジャーナリスト、映画ファンたちの金銭的報酬を度外視した力強い協力と連帯によって、アニエス・ヴァルダは硬直したフランス社会と映画業界の制度に一つの風穴を開けたのだ。ヌーヴェル・ヴァーグが大きな運動となったのは、クロード・シャブロルやフランソワ・トリュフォーらの長編処女作が公開され国際的映画祭で賞を取った一九五八年から五九年のことだと言われている。それに先立つ数年前、アニエスと彼女の仲間たちは既にその精神を先取りしていたのだ。彼女がしばしば「ヌーヴェル・ヴァーグの祖母」と呼ばれ、ジョルジュ・サドゥールらによって最初のヌーヴェル・ヴァーグとみなされているのは、こうした理由による。

新しい波と共に

一九五八年、アニエスは俳優兼演出家アントワーヌ・ブルセイエとの間に長女ロザリーをもうけた。ブルセイエは『5時から7時までのクレオ』に出演するなど、その後もアニエスとプロフェッショナルな関係を続けるが、私生活では彼女の妊娠中に女優シャンタル・ダルジェと結婚している。同年、アニエスはトゥールの短編映画祭でジャック・ドゥミと出会う。恋に落ちた二人は翌年ダゲール街で同居生活を始め、六二年に結婚した。ジャックはロザリーを後に養子に迎えた。七二年には、二人の間の息子で後に俳優となるマチューも誕生している。パリの熱狂的映画ファンたちの間で既に注目され始めていた新進気鋭の映画作家アニエスとドゥミのカップルは、大いに注目を集めたという。六一年に長編二作目となる『5時から7時までのクレオ』の製作をスタートさせた時、アニエスの背後にはシネマテークやシネクラブに集うシネフィルたちからの熱いサポートがあった。ヌーヴェル・ヴァーグが誕生して既に三年。若く有望な映画作家の卵を血眼で探していた製作者たちの一人ジョルジュ・ド・ボールガールは、ジャン＝リュック・ゴダールの『勝手にしやがれ』（一九六〇）やドゥミの『ローラ』（一九六一）に続いてアニエスの二作目をプロデュースすることにした。彼女は、パリのアパートや街路、カフェ、公園などでロケーション撮影を行い、ゴダールやアンナ・カリーナ、エディ・コンスタンティーヌ、ジャン＝クロード・ブリアリらがカメオ出演した。それは典型的なヌーヴェル・ヴァーグ作品だった。女性主人公を描いた女性監督による作品という点を除けば。

癌の検査を受けた主人公クレオが、死の影に脅えながらその結果を待つ五時から七時までの時間を描いたこの作品は、ジャンプカットや長回し撮影、手持ちカメラ、そして大きな出来事やアクションが起こらない無為な時間の描写など、映画のリアリズムを革新した現代映画的手法を存分に活用したものでもある。物語的には、アルジェリア戦争を背景に、当時のフランス社会を覆っていた実存主義的な空気を色濃く反映していた。フランス社会の中で女性がどのように認識されているか、フェミニズム的観点から問題を新たに再定義した作品であるとも評価されている。アニエスは、自ら試写会に招待する批評家や映画監督、ジャーナリスト、映画関係者たちのリストを注意深く作成し、きわめて戦略的にこの映画が受容される言説やターゲットとなる観客層を組織した。作品はまず批評的に大成功を収め、続いて興行的にもそれなりの成果を収めた。『5時から7時までのクレオ』は、その後数十年に渡って世界中の映画祭やシネクラブなどで数多く上映され、アニエスはその多くの機会でフィルムと共に現地を訪れ、作品についてきわめて雄弁に話した。作品が成功し多くの観客の心を捉えるためには、そのクオリティが高いだけでは十分ではない。映画監督が世界中を旅し、その作品について観客やジャーナリストたちに魅力的に語らなければならない。これは、アニエスがこの作品の公開時に気づき、その後生涯にわたって貫いたアーティストとしてのモットーである。

ロサンゼルスの陽の下で

一九六七年、アニエスとドゥミはロサンゼルスに移住した。これは、当時のパリの空気に嫌気がさした二人が、バカンスを兼ね新しい場所と言語に触れたいと願ったからとのことだ。二人はすぐさまロスの風景と文化に圧倒され、恋に落ちた。彼らはそこでしばらく腰を落ち着け、映画製作を行うことにした。だが同時に、その決断によって二人は六八年のパリ五月革命に立ち会う機会を逸してしまった。『シェルブールの雨傘』(一九六四)と『ロシュフォールの恋人たち』(一九六七)で国際的に大成功を収めていたドゥミは、コロンビア・ピクチャーズで『モデル・ショップ』(一九六八)を作った。これはビッグバジェットのハリウッド映画ではなく、ロケーション撮影によるアメリカン・ニューシネマ的な非ミュージカル作品で、『ローラ』と『シェルブールの雨傘』に続く三部作最後の作品でもあった。ヴァルダもまたコロンビアに映画製作を持ちかけ、『Peace and Love』というタイトルの脚本を書いた。しかし、そのプロジェクトが頓挫したため、その失敗のプロセスそれ自体を映画化することに決める。フィクションとドキュメンタリーが混合した即興的な実験作品『ライオンズ・ラブ』(一九六九)は、こうして生まれた。アンディ・ウォーホル作品で知られる女優ヴィヴァや、『ヘアー』の作者たち二人が出演し、ロバート・ケネディ暗殺事件のニュース映像が挿入されるこの作品は、六〇年代アメリカのカウンターカルチャーに対するアニエスの愛情と観察、ハリウッド的な映画製作システムに対する違和感などを明確な構成のないコラージュ作品としてまとめたものだと言えるだろう。ウォーホル的な実験映画をアメリカで撮ったヨーロッパの映画監督ヴァルダに対して、ウォーホルが創始したサブカルチャー雑誌「Interview」はその創刊号の表紙とインタビューを彼女に割いている。その記事によると、アニエスはニューヨークのアンダーグラウンド映画上映会でウォーホルと出会い、彼のファクトリーにも招待された。ウォーホルは『5時から7時までのクレオ』の美しさを讃え、ただし自分がその映画を作るならば、五時から七時までの二時間で撮っただろうと冗談交じりに話したとのことだ。

アニエスとドゥミは、その後フランスに戻り、一九七二年には長男マチューを出産している。だが二人は別居、アニエスはマチューを連れてパリを離れ、ロサンゼルスに戻った。そこで彼女は再び数年を過ごす。監督した作品ばかりでなく自らの人生についても極めて雄弁に語ってきたアニエスだが、ドゥミとの別居に関してはあまり語っていない。シングルマザーのように暮らした二回目のアメリカ滞在で、彼女は『壁画・壁画たち』（一九八一）と『ドキュモントゥール』（一九八一）という深いつながりを持った二本の長編映画を作った。『壁画・壁画たち』はロスのストリート・グラフィティに取材しつつ、その背後にある抑圧されたマージナルな人々の呟き（タイトルは「呟き」を意味する「murmur」という英語にかけられている）を聞き取ろうとしたドキュメンタリー作品だ。映像と言葉の遊戯に満ちた、きわめてヴァルダらしい傑作だと評価すべきだろう。『ドキュモントゥール』は、逆にアメリカで暮らすマージナルなヨーロッパ人女性としてのアニエスが、自らの抑圧された呟きをフィクション形式で映像化したものだと言える（シングルマザーとして暮らす女性の孤独とメランコリーの主題は、ジェーン・バーキンとコラボレートした後の『カンフー・マスター！』〔一九八七〕にも反響している）。それぞれ政治的なものとパーソナルなものを扱ったこれら二本の作品は、ヴァルダのフィルモグラフィの二つの側面を示しつつ、まるでコインの裏表のような関係を形成している。

社会の矛盾と闘う一人の女性

一九五〇年代後半から一九六〇年代、ヌーヴェル・ヴァーグは男性たちのものだった。少なくとも、その潮流の中で注目された主要映画作家のうち、女性はアニエス・ヴァルダただ一人だった。アニエスは、フランス社会でも映画界でも、そしてヌーヴェル・ヴァーグの仲間たちの間でも常にマージナルな存在だったのだ。彼女は自分がフェミニズム理論家であったことは一度もないと言う。しかし同時に、映像や音響、言葉を彼女独自のやり方で組織し、正しくアニエス・ヴァルダと署名されるに相応しいオリジナルな作品を作り続けた。それはアニエスがアニエスであり、女性であることとの決然たる証明だった。アニエスは処女長編作品を作るために自らプロデューサーを務め、映画製作会社を立ち上げる必要があった。それ以来、彼女は常にインディペンデントに活動するフランスの女性映画作家だった。それはつまり、決して経済的に十分報われることがないことを意味していた。彼女の人生は、常に闘いの連続だった。

一九七一年、アニエスは「三四三人のマニフェスト」に署名している。これは、中絶が法律で禁じられていた当時のフランス社会（中絶がフランスで合法化されたのは一九七五年。一九四三年に堕胎手術を行った罪でギロチン処刑された女性の物語は、シャブロルが『主婦マリーがしたこと』〔一九八八〕で映画化している）の中で、自らその手術を受けたことを宣言するものであり、起草者であるシモーヌ・ド・ボーヴォワールをはじめ、カトリーヌ・ドヌーヴやフランソワーズ・サガン、ジャンヌ・モロー、ビュル・オジェらも名を連ねている。一九七七年の『歌う女・歌わない女』は、こうした六〇年代から七〇年代にかけてのフランス女性解放運動を背景にした作品であり、生き方の異なる二人の女性の友情を軸に、結婚や中絶、貧困問題を介してパーソナルな人生と政治との関わりを描いたものだ。また、『冬の旅』では厳しい冬に南仏を彷徨う放浪者モナの姿を即物的視点から描き、フランス社会の中でマージナルな立場にいる女性の姿を改めてフィルムに焼き付けた。主人公を演じたサンドリーヌ・ボネールが荒野を歩き続けるイメージがあまりにも強烈なこの作品は、ヴェネチア国際映画祭で金獅子賞を獲得し、ヴァルダの最高傑作の一本として世界的に高く評価された。興行的にもフランス内外でヒットしたが、それでも最終的には赤字が残ったとのことだ。

ヴァルダは、より直接的に社会や政治問題に言及した作品も作っている。一九六三年の『キューバのみなさん、こんにちは』は、革命から僅か四年後のキューバに招かれたアニエスが、膨大なスチール写真を現地で撮影し、その映像に自身とミシェル・ピコリのナレーションを重ねた作品だ。陽気なキューバ音楽と人々の笑顔に満ちた幸福感溢れるこの作品は、六〇年代の貴重な記録ともなっている。また一九六八年の『ブラックパンサーズ』では、アメリカの公民権運動に取材し、ブラックパンサー党のメンバーやその集会に集まる人々、とりわけ女性たちの姿をきわめて魅力的に捉えた。一方、一九七〇年の長編テレビ映画『ナウシカ』では、その三年前に起きたギリシャの軍事クーデターを背景に、政治的難民としてフランス社会で暮らす小説家や学生、新聞記者らへの取材を通じてファシスト政権を批判した内容になっている。彼女のフィルモグラフィの中で最も語られることが少ないこの作品は、フランステレビ局の検閲により放映禁止処分を受け、そればかりか作品自体を破棄されてしまった。しかし、近年になってベルギーのシネマテークからワークプリントが発見されDVDでリリースされた。ギリシャ移民の父親とその娘が登場するこの作品は、アニエスにとって父親との思い出が投影された作品でもあっただろう。

忘却に抗って　停滞に抗って

八〇年代の大半を別居して暮らしたアニエスとドゥミは、一九八八年に再び夫婦として共同生活を送るようになる。だが、この時既にドゥミは身体を病に冒されひどく衰弱していた。その病がエイズであったことは、自伝的作品『アニエスの浜辺』（二〇〇八）のプロモーションのために受けたインタビューの中でアニエスがはじめて明かしている。共に暮らした最後の二年間、二人は様々な場所を旅してまわり、美術館を訪れ、ドゥミの子供時代の思い出の場所を訪ねて過ごしたとのことだ。アニエスはドゥミが書いていた回想録をもとに映画を作ることを提案し、ドゥミはアニエスがその作品の監督となることを提案した。それは『ジャック・ドゥミの少年期』（一九九一）となった。ドゥミは病を押して多くの撮影に立ち会い、自分の子供時代をスクリーンに再現しようとするアニエスに様々な記憶の断片やそのディテール、アイディア、そして映画化への信頼を与えた。これは、全く異なる映画的センスと才能を持っていた夫婦による最後の、そして殆ど唯一のコラボレーション作品となった。撮影は一九九〇年に終了し、その二週間後、ドゥミが亡くなった。彼の死後、アニエスはシネ＝タマリスでドゥミ作品の権利取得と修復作業を行い、そしてさらに『マドモワゼルたちは二五歳になった』（一九九三）と『ジャック・ドゥミの世界』（一九九五）という二本のドキュメンタリーを製作し、彼との思い出に捧げた。

二〇〇〇年に入り、はじめてデジタルカメラを手にしたアニエスは、この小さな機械が彼女の低予算でインディペンデントな映画製作に大きな可能性を持ち込むことに気付く。撮影ばかりか編集まで自ら手がけるようになった彼女は、飽食社会やフードロス問題を主題として抱えつつ、現代の「落穂拾い」たちの姿をロードムービーのように追いかけた『落穂拾い』（二〇〇〇）とその続編『落穂拾い・二年後』（二〇〇二）を製作した。自らの老いた身体と即物的に向き合う姿も印象的なこれらの作品は、知的遊戯性とユーモアに満ちた変幻自在なヴァルダの才能が存分に発揮された傑作として、『冬の旅』以来となる高い評価を受け、興行的にも成功を収めた。ロードムービーのようなスタイルと新しいメディアへの挑戦は、二〇一七年の『顔たち、ところどころ』にも受け継がれている。五四歳年下の若いアーティストJRと共にトラックでフランスの地方を旅する彼女の姿を収めたこの作品は、クラウドファンディングによって製作資金の一部が調達された。ヴァルダとJRのような著名アーティストがこうした試みを行うことについてはフランス国内で反対する議論もあったが、常に新しい技術や発想を取り入れ、権力にも金にも男性社会にも屈することなく自分の道を自分の力で切り開いてきたアニエスにとって、それは人生の後半に再び訪れた新鮮で楽しい冒険の一つになったのではないだろうか。

二〇〇八年の『アニエスの浜辺』と、遺作になった『アニエスによるヴァルダ』（二〇一九）は、共に彼女自身が自らの人生と作品を振り返った回顧録のような作品だ。だが同時期に彼女は、「年老いたフィルムメイカーであり若きビジュアルアーティスト」[1]として世界各地で様々な展覧会も催している。作品としては、アーティストとしてのプロフェッショナルな人生を切り開いてくれたジャン・ヴィラールにオマージュを捧げたものや、『創造物たち』（一九六六）や『幸福』（一九六五）のフィルムを使って建てられたフィルムの家などがある。アニエスは自分に制約を課すあらゆるシステムに抗い、常に新しいアイディアを学び、その可能性を自らの努力で拡げ続けた。彼女は抵抗し、闘い、愛し、遊び、最後まで挑戦し続けた。ＪＲとの旅をきっかけに始められたInstagramには、アニエス・ヴァルダのディレクターチェアに寝そべる彼女の愛猫ニニの写真が最後にアップされている。私たちは、その茶目っ気たっぷりな姿から一体何を受け取ることができるだろうか。

註

1 « Agnès Varda : "Je suis une vieille cinéaste et une jeune artiste visuelle" », *Le Grande Atelier*, France Inter (radio), 8 mars 2014. <https://www.franceinter.fr/emissions/l-atelier/l-atelier-08-mars-2014>

アニエス・ヴァルダの「エッセー」

原田麻衣

シネクリチュールとエッセー

アニエス・ヴァルダの有名な言葉に「シネクリチュール［cinécriture］」（映画書法）がある。フランス語のシネマとエクリチュール（書くこと）を掛け合わせたこの造語について、ヴァルダ本人は以下のように説明する。「脚本を説明してみせるのでも、小説を借用するのでも、優れた演劇のギャグを取り入れるのでも、これらのどれでもありません。私は［第一作目の］『ラ・ポワント・クールト』以来ずっと、感情［emotion］から、つまり視覚的感情、音の感情、感覚［feeling］から生まれるもののために、そしてそのための形を、他の何ものでもなく映画と関係のある形を見つけるために戦ってきたのです」[1]。要するに「シネクリチュール」とは、他でもない映画というメディウム特有の「書く行為」を指し、ヴァルダの関心は一貫して、映画に／で何ができるかに向けられていた。しかし映画に特有の「書く行為」とは具体的にどういうことなのか。その問いについては一九九四年に出版された書籍『アニエスによるヴァルダ』に明快な答えが残されている。

> 私はこの［シネクリチュールという］言葉を作って、今では映画監督の仕事を示す言葉として使っています。撮らずに書く脚本家の仕事と、演出する監督の仕事を指します。同一人物の場合もありますが、しばしば混乱は残ります。「この映画はよく書かれている」という言葉を聞くと私はうんざりしてしまうのです。その褒め言葉は脚本と台詞のためだけに言われているからです。
>
> よくできた映画は、よく撮られています。役者も場所もよく選ばれています。デクパージュ、動き、視

点、撮影と編集のリズムは、濃密な文章かそうでないか、言葉の種類、副詞の頻度、段落、括弧、物語の感覚を引き継ぐ章あるいは矛盾する章など、作家［écrivain］の選択のように真摯で考え抜かれたものなのです。

書くことで言えば文体です。映画において、文体はシネクリチュールです。[2]

ここで書き手としての作家の仕事に映画監督の仕事をなぞらえているのは興味深い。というのも、ヌーヴェル・ヴァーグの「出発点」ともいわれるフランスの批評家・監督アレクサンドル・アストリュックによる論考「新しいアヴァンギャルドの誕生――カメラ万年筆」（一九四八）にも類似した記述がみられるからである。絵画や小説がそうであったように映画が新たな一つの表現手段になると宣言されたこの論考で、アストリュックは「［映画における］演出とは、もはやシーンを図解したり提示したりする手段ではなく、正真正銘の書く行為《エクリチュール》なのだ。作家が万年筆を使って書くように、作者［auteur］はカメラを使って書く[3]」と述べている。（脚本ではなく）演出こそを映画のエクリチュールとみなすアストリュックと、いわば映画製作全体に関わる監督の選択をシネクリチュールと呼ぶヴァルダには細かな差異を認めるべきかもしれないが、両者とも映画の作り手としての監督によって生み出されるスタイルに関心を向けていることは確かだろう。

「カメラ万年筆」論にはもう一つ、ヴァルダ作品に馴染み深いキーワードが存在する。「エッセー」である。アストリュックの文章からよく知られた一節を抜き出してみよう。

映画は、まずは縁日の呼び物《アトラクション》であり、次いでブールヴァール演劇にも似た娯楽、あるいは時代のイメージを保存する手段だったが、その後、徐々にひとつの言語となる。すなわち、ひとりの芸術家が、そのなかで、それによって、どんなに抽象的であろうと自分の思想を表現し、あるいは今日エッセーや小説がまさにそうであるように、自分の妄執を言い表すことができる、そういうひとつの形式となる。だからこそ、私はこの映画の新時代を〈カメラ万年筆〉の時代と呼ぶ。[4]

ここで注目すべきは、新たな表現手段としての映画が自分の思考を言い表す芸術形式として捉えられていることである。なぜならその記述は、映画研究者の堀潤之が指摘するように「クリス・マルケルの『シベリアからの手紙』(一九五八)を嚆矢とする「エッセー映画」(アンドレ・バザン)の系譜を予言するもの」だからである。[5] ここで「エッセー」について簡単に説明しておくと、これは文学における一つの形態であり、その最もよく知られた起源としてフランスの哲学者ミシェル・ド・モンテーニュの『エセー』(随想録)が挙げられる。映画研究者のノラ・M・アルターとティモシー・コリガンによれば、「モンテーニュにとって「エッセー」という言葉は、暫定的で探究的な性質を強調するものであり、それは彼のおぼつかない記憶、愛、友情、嘘、「恐るべき子供」、その他のありふれた、あるいは一般的でない数多くの問題についての見解、コメント、判断を生み出す「試み」、「挑戦」、「実験」といった意味として使用される」。[6] そしてこうした主観的あるいは個人的な思考が書かれるように撮られた映画は「エッセー映画」と呼ばれるようになり、ヴァルダの作品はその一例としてたびたび取り上げられてきた。

また、アストリュックの宣言はフランス映画界を揺るがすことになる未来の批評家・監督フランソワ・トリュフォーにも影響を与えている。トリュフォーの場合、「一人称の映画」という表現を好んだが、それはつまり監督が個人的なことを描いた映画を指し、何より多くの論者が指摘してきたように「作家政策 [politique des auteurs]」のポリシーに他ならない。[7]

したがって個人的なことを映画で描くことはヌーヴェル・ヴァーグの作家たちにとって重要な試みの一つとなった。こうした時代背景のなかで製作されたのが、ヴァルダの『ラ・ポワント・クールト』(一九五五)である。一般公開は一九五六年一月まで待たねばならなかったが、パリの映画館「ステュディオ・パルナス」のポスターには「アニエス・ヴァルダのエッセー・シネマ」との文言が付され、トリュフォーによれば「「読む映画」へのエッセー」［《 Essai de “film à lire” 》］として告知された。[8] 漁村の人々の生活と一組の男女の物語を交互で描くその構成に鑑みれば――ヴァルダはこの構成についてウィリアム・フォークナーの小説『野生の棕櫚』（一九三九）に影響を受けたと発言している――、ここでの「エッセー」は「実験作」の意味が強いかもしれないが、同時に先述したような個人的な試論としての映画とも捉えられるだろう。このとき併映されたのが南仏ニースの生活を捉えた美しい「エッセー映画」、ジャン・ヴィゴの『ニースについて』（一九三〇）であったことも偶然ではない。そして何よりヴァルダはこのデビュー作を、幼少期を過ごした南仏のセートで撮影している。個人的な場所をネオレアリスム的手法で捉え漁村が抱えている労働問題を提示しながら、そこに洗練された男女の物語を組み込んでいるのである。

ヴァルダがしばしば「ヌーヴェル・ヴァーグの祖母」と形容されるのは、単にトリュフォーやジャン＝リュック・ゴダールよりも数年早く長篇映画を撮ったからではない。映画が「ペン」に代わる一つの表現手段として主張されたとき、数年後に「明日の映画」として顕揚される個人的な映画を真っ先に、しかも自身のプロダクションを設立して製作したからである。[9] そして『ラ・ポワント・クールト』におけるドキュメンタリー／フィクションや客観／主観といった異質なものの「並置」はその後のフィルモグラフィーにも一貫してみられるいわば「ヴァルダ・スタイル」であり、ヴァルダのシネクリチュールを形成する一要素となった。

ヴァルダの身体

さて、ヴァルダ作品におけるドキュメンタリーとフィクション、客観と主観の表れについて注目したいのは、ヴァルダの存在、より正確にいえばヴァルダの身体である。それはとりわけドキュメンタリー作品を例にとるとわかりやすい。ヴァルダのドキュメンタリーにはたびたびヴァルダ自身が登場し、後年になるほどその傾向は顕著になる。まず、キューバを訪れたさいに撮影された厖大な量の写真から構成される『キューバのみなさん、こんにちは』（一九六二）で、ヴァルダは俳優のミシェル・ピコリと共に控えめにナレーションを担当し、次々と提示される写真に「注釈」をつけていく。ヴァルダ作品におけるナレーションを思わず「注釈」と呼んでしまいたくなるのはその主観的な「コメント」ゆえである。次いで『ヤンコおじさん』（一九六七）では、映画祭のためにアメリカを訪れたヴァルダが、その存在しか知らなかった「叔父」と初めて対面する様子が捉えられる。ここでヴァルダは監督かつ登場人物の一人となり、画面上に姿を現す。そして何カットも撮られ演出された、「ヤンコおじさん」と対面するショットは、創造的なドキュメンタリーの一例としてのちに『アニエスの浜辺』（二〇〇八）や『アニエスによるヴァルダ』（二〇一九）で使用されることになる。

ドキュメンタリーでありながら極めて積極的に作品へ自己を介入させ、主観を織り交ぜていくヴァルダのスタイルは、『ダゲール街の人々』（一九七五）で確立されたと言っていいだろう。パリの左岸、一四区に位置するダゲール街は今なお存在する商店街であり、ヴァルダの自宅兼事務所があった場所である。「パリに住んでいるのではなく、パリ一四区に住んでいる」という有名な言葉を残すほどこの一四区そしてダゲール街を愛したヴァルダは、ダゲール通り七〇番地から九〇番地までのおよそ五〇メートルの範囲――自宅から電気ケーブルが届く範囲――でこの作品を撮影した。登場人物はもちろん顔馴染みの近隣住民で、ヴァルダによる一人称のナレーションとともに「物語」は進行する。現実生活においてヴァルダがダゲール街の住民の一人であるように、ヴァルダの声は物語に浸透し、まるで一人の登場人物のように存在しながら愛すべき住民たちを紹介していくのである。このようにヴァルダ作品におけるドキュメンタルな要素とフィクショナルな要素あるいは客観と主観の並置は、何よりヴァルダ自身――もっといえば、ヴァルダの身体／声――を作品に介入させることで成立している。そして小型のデジタルカメラを手にした二〇〇〇年代以降、つまり『落穂拾い』（二〇〇〇）

を皮切りに、ヴァルダは自らカメラを回しながら街を歩き、人との出会いを通じて映像を拾い集め、その様子を映画化する。

『落穂拾い』の序盤、穂を担ぐ一人の女性を描いたジュール・ブルトン《落穂を拾う女》の隣で、その様子を模倣するヴァルダが穂をおろしカメラを構えてこちらを向くショットは、カメラで拾うことを強調していると言っていい。「拾う人」を捉えた映画においてヴァルダもまた、映像を拾う一人の登場人物なのである。したがって映画のなかでも語られるように、タイトル（原題は「拾う人々と拾う女」）にある「拾う女」はヴァルダ本人を指す。この映画のなかでヴァルダは一人の男性アランと出会う。ヴァルダの自宅から最も近いエドガー・キネ通りで開かれるマルシェの残り物を拾って食事にあてるこの人物は、続編の『落穂拾い・二年後』（二〇〇二）にも再び登場する。『落穂拾い』の感想を聞かれたさい、彼はヴァルダの出演シーンに関して「あなたの存在が大きすぎる」と答えるのだが、それはあながち間違った指摘ではないだろう。唐突に提示されるヴァルダの顔や手は、確かに男性の指摘するとおり「老い」を強調する。しかし重要なのは、拾う人それ自体を捉えることであり、それゆえ必然的に、拾う女ヴァルダは映像として拾われる対象でもあるのだ。そのさい、刻一刻と変化していく身体の断片を記録することは、放置され忘れ去られていくものを拾い上げるこの映画での実践と結びつく。そしてこのように他者との交流を通して自己を捉え、カメラに収めることでその瞬間を繋ぎとめる「試み」は、自身にゆかりのある地や関係者を訪ねる『アニエス・ヴァルダのあちこち』（二〇一一）や、写真家のJRとともに旅をしながら行く先々で出会った人の写真を撮り、「壁画」として作品を作り上げる『顔たち、ところどころ』（二〇一七）に引き継がれることになる。

映画で書く自叙伝──『アニエスの浜辺』におけるヴァルダ

このようにヴァルダのフィルモグラフィーには自己を表出させた作品が多く存在する。そのなかでヴァルダ

『アニエスによるヴァルダ』
© 2019 Cine Tamaris – Arte France – HBB26 – Scarlett Production – MK2 films

自身が自分について語った映画が『アニエスの浜辺』である。遺作『アニエスによるヴァルダ』もヴァルダの映画人生にまつわる作品だが、両者には大きく二つの違いがある。第一に、前者は自分についての映画であり、後者は自作についての映画である。次に、『アニエスの浜辺』は過去の再演であり、『アニエスによるヴァルダ』は過去の回想である。ここでは「自分の物語を映画でどう語るか」という問題を『アニエスの浜辺』から考えてみたい。

『アニエスの浜辺』は、ヴァルダが八〇歳になる記念として撮った作品であり、「私が撮りたいと思うのは周囲の人々」というヴァルダが初めて自分自身を描いた映画である。自身の心象風景として存在する「浜辺」とともに、出生から八〇歳の誕生日を迎えた日までの様子が断片的に語られる。

ところで、トリュフォーの『大人は判ってくれない』（一九五九）のように個人的な体験に着想を得た作品や、ゴダールの『ＪＬＧ／自画像』（一九九五）のようなポートレートは存在しても、監督が自分の人生について語った映画作品は映画史において極めて珍しい。それはなぜか。映画において「自叙伝」はほとんど不可能だと考えられてきたからである。映画研究者レイモン・ベルールの『アニエスの浜辺』評を参照しながらより詳細に説明しよう。ベルールは、エリザベス・W・ブラスが提唱した自叙伝の条件を踏まえながら、『アニエスの浜辺』は自叙伝として成立しえていると指摘する。ブラスは映画における自叙伝の難しさについて複数の項目から論じているが、なかでも作家、語り手、主人公という論理的に異なる役割が同一人物によって果たされなければならない点をとりわけ困難な条件として挙げている。[10]しかし驚くべきことに、ベルールの言葉を借りればヴァルダは「最初のショットから最後のショットまで常に存在し、身体と／や声を［物語の］「中」にも「外」にも使って、自分が語り手や登場人物になると同時に過度に敏感な作者になるような方法で映画を彩っている」[11]。『アニエスの浜辺』では監督、語り手、登場人物の三役をヴァルダが引き受けており、その点で、自叙伝の形態を踏襲した作品としてみなされるのである。

　この三役は、映画のファースト・シークェンスで見事に提示されている。一ショット目、浜辺を捉えているカメラが右から左へとパンすると、後ろ向きに歩いているヴァルダが映る。カメラの運動とヴァルダの歩みがゆっくりと重なり合い、ヴァルダが画面中央へ位置するようになると、今度は前進しながら「小柄な老女を演じてみよう／丸々太ったお喋り女／自分の人生を語る……」と話し始める。そのまま画面奥から手前へと進み、話を続けながらカメラに近づいてくる。ショットが切り替わり、再び画面奥に戻っているヴァルダは先ほどと同様にカメラの方へ近づいてくる。「自分を語るうえで考えたこと／人の心の奥には心象風景がある」とヴァルダの声が聞こえるが、画面上に映るヴァルダの口は動いておらず、この声は物語世界外に位置する語り手ヴァルダのものだとわかる。続くショットでも「私の場合は浜辺だ」とヴァルダのナレーションが続くが、画面では先ほどまでとは異なる服を着たヴァルダが浜辺に設置されているカメラの方へと進んでいく。そして次のショットでヴァルダは、スタッフに小道具（鏡）の置き場所を指示している。ここまで映画冒頭の四ショットを詳細に記してみたが、この四つのショットにおいてヴァルダは登場人物、語り手、作者の三役を順番にこなしてみせている。つまり、一ショット目は物語の主人公であり登場人物としてのヴァルダ、二ショット目では登場人物としてのヴァルダと語り手ヴァルダ、三ショット目で語り手ヴァルダと監督ヴァルダが現れ、最後四ショット目で監督としてのヴァルダが映し出される。役者としてのヴァルダがヴァルダを演じ、あるいはヴァルダとして人生を語り、俯瞰した立場から穏やかな声で物語に「注釈」をつけ、ほとんどメイキング映像のような撮影風景を見せることで監督としてのヴァルダも組み込まれる。このように『アニエスの浜辺』は三つのヴァルダが複雑に交差し、時に重なり合いながら物語を構築しているのである。

自分をどう語るかについてヴァルダが思考を巡らせたことは、本作に関するインタヴューでの発言からも明らかである。「私は、自分がどのようにして映画的な伝え方を見つけたか、ということを通して「映画とは何か」という問いを扱っているのだと思います。私はあなたに六時間話すだけで、映画で起きているのと同じ内容を伝えることもできたでしょう。しかしその代わりに形を見つけたのです」[12]。『アニエスの浜辺』においてヴァルダの身体は、リテラルな意味で現実とフィクションを行き来しているのである。

過去を持ち込む／過去を「演じる」

『アニエスの浜辺』には「自分をどう語るか」とともに、もう一つ大きな問いがある。「過去をどう提示するか」である。それはまた、異質なものの並置というヴァルダ作品に通底するスタイルと結びつく。全編を通してもちろん過去の写真や映像作品がちりばめられているのだが、この作品の特徴は過去を現実の空間に持ち込んでいることにある。例えば、ヴァルダが自宅の中庭で家族写真を見せながら自宅と家族について語るシーンでは、画面いっぱいに写真が提示されるのではなく、カメラの方を向いて写真を持つヴァルダの手も映される。

つまり、現在の中庭にかつての中庭の写真が持ち込まれ、そこで撮られた過去の家族写真と現在のヴァルダが同時に提示されるのである。こうした手法はこの映画のなかで随所に見られるが、特筆すべきは幼少期を語るシーンであろう。

映画の冒頭でヴァルダが歩いていた浜辺に、三面の写真立てが置かれている。写真が入っているのは左端のフレームだけだが、この特別な装置は写真を入れる部分が鏡になっており、中央および右端のフレーム＝鏡には浜辺の様子が映り込んでいる。左端のフレームも、写真で覆われていない部分は鏡になっており、そこには浜辺に座るヴァルダの手が映っている。つまりこのフレームには、幼少期のヴァルダ（写真）と現在のヴァルダが同居しているのである。そしてヴァルダは写真立ての方へ手を伸ばし——その様子は右側のフレーム＝鏡に映っている——写真を取る。その瞬間、フレームの中にあった少女ヴァルダの写真に代わって鏡に映し出されるのは、今鏡ごしにこちらを見ているヴァルダの顔である。つまりこの映画での試みは、過去の振り返りというよりは、過去を振り返る主体を提示することなのだ。それゆえ過去と現在は同時に画面上に映し出される必要がある。そしてこのとき過去と現在の媒介となっているのが「フレーム」であり、とりわけヴァルダ作品で多用される「鏡」である。

ただ何かを見せるだけでなく、ある環境のなかに持ち込むことで新たな空間を作るというヴァルダの好む手法——要するに「インスタレーション」である——は、『ラ・ポワント・クールト』にまつわるシーンでも確認できる。『ラ・ポワント・クールト』の献辞にあるピエールとは、撮影地セートに住む男性でテスト撮影の協力者だった。しかし映画の完成直前にガンでこの世を去ってしまい、ついに映画を観ることはなかった。『アニエスの浜辺』では、そんなピエールの息子たちに父の携わったテスト撮影のフィルムを見せるシーンがあるのだが、それは屋外で上映される。驚くべきことに、台車の上にスクリーンと映写機を載せて、実際の撮影地となったセートの街を歩きながら上映するのである。台車を押して歩くピエールの息子たちが感じ取るのは、現実の空間に持ち込まれたかつての父の姿と街の情景なのだ。

『アニエスの浜辺』では、過去は常に現在と地続きのものとして提示される。しかも、語り手ヴァルダが物語世界の現在に位置し、そこから見た過去がヴァルダによって演じられるのである。語り手というのはふつう、語っている物語世界の外に存在すると考えられている。つまり特権的な位置から語る世界を見ている。しかし本作の場合、ヴァルダは物語世界の現在に語り手として参入し、そこから過去に歩み寄る。ここで、前節で述べた映画冒頭のショットでヴァルダが後ろ向きに歩いていたことを思い出してほしい。この「後進ショット」はその後もたびたび出現し、過去のある時点へと移動する一種の比喩表現として機能するとともに、続くショットでその過去を現実に持ち込むことを予感させるものとなっている。例えば本節冒頭に取り上げたヴァルダの自宅の中庭で展開するシークェンスでも後進ショットが存在する。そのとき画面のなかのヴァルダによって語られるのは、その家に移り住んだ一九五一年当時の様子である。その後、厳しい冬の状況が描写されるシーンでは、かつての中庭の様子を背景としてスクリーンに映し出した舞台装置が用意され、防寒服に帽子と手袋を身につけたヴァルダが「毎日専用のバケツを手に石炭を取りにいく」と語りながら、石炭をバケツに入れている。このようにヴァルダはまさに映画にしかできない方法で、自らの身体を自由自在に用いながら物語の現在に過去を持ち込み、過去を演じているのである。

本稿では、ヴァルダ作品を「エッセー」というキーワードのもとに読み解いてきた。それは映画史を考慮すれば、フランスに「新しい波」が到来しつつある頃に取り上げられた映画の新たな形式の一つであった。そして同時に、ヴァルダにおけるシネクリチュールの実践でもある。ヴァルダはフィルモグラフィーを通じて、文学における作家と同じく、映画で自らの思考を書こうとした。その試みのいわば集大成として位置づけられるのがこの『アニエスの浜辺』であろう。『ラ・ポワント・クールト』が「読む映画への実験作」であったならば、『アニエスの浜辺』はとりわけ「語る映画への実験作」といえる。ある主題を映画でどう語るのか。ヴァルダの作品はその問いに対する実験であり試論である。

註

1 Barbara Quarte and Agnès Varda, "Agnès Varda: A Conversation," *Film Quarterly* 40, no. 2 (Winter 1986-1987): 4.

2 Agnès Varda et Bernard Bastide, *Varda par Agnès* (Paris: Cahiers du Cinéma, 1994), 14.

3 アレクサンドル・アストリュック「新しいアヴァンギャルドの誕生——カメラ万年筆」（堀潤之訳）、『アンドレ・バザン研究』第1号、アンドレ・バザン研究会、二〇一七年、一三頁。

4 同書、一〇頁。

5 同書、一七頁。

6 Nora M. Alter and Timothy Corrigan, eds., *Essays on the Essay Film* (New York: Columbia University Press, 2017), 1.

7 例えば Michel Serceau. *Y a-t-il un cinéma d'auteur ?* (Villeneuve d'Ascq: Presses universitaires du Septentrion, 2014).

8 François Truffaut, « La Pointe courte d'Agnès Varda », *Arts*, 11-17 Janvier, 1956, in *François Truffaut : Chroniques d'Arts Spectacles 1954-1958*, ed. Bernard Bastide (Paris: Gallimard, 2019), 186.

9 トリュフォーは一九五七年五月一五日付の『アール』誌に、商業性から解放された映画製作のあり方を主張し、やや願望混じりに「明日の映画」を予告する文章を書いている。ここでの「明日の映画」とは、「私小説や自伝小説よりもいっそう個人的な」映画を指し、「若き監督たちは個人的なことを一人称で描き、自分自身の体験を語ることになるだろう」と続けている（François Truffaut, « Vous êtes tous témoins dans ce procès. Le cinéma français crève sous les fausses légendes », *Arts*,

15-21 Mai, 1957.)。

10 Elizabeth W. Bruss, "Eye for I: Making and Unmaking Autobiography in Film," in *Autobiography: Essays Theoretical and Critical*, ed. James Olney (Princeton: Princeton University Press, 1980), 296-320.

11 Raymond Bellour, « Varda ou l'art contemporain : Note sur *Les Plages d'Agnès* », *Trafic* 69 (Mars 2009): 17.

12 T. Jefferson Kline ed., *Agnès Varda: Interviews*, (Jackson: University Press of Mississippi, 2014), 197.

持続する瞬間　アニエス・ヴァルダと写真

松房子

一九六一年、アニエス・ヴァルダは一冊の写真集を刊行する。南仏の海岸沿いの観光地コート・ダジュールをテーマに、詩や楽譜、絵葉書のイラストといった写真以外の要素を交えて構成した『ラ・コート・ダジュール・ダジュール・ダジュール・ダジュール』は、フォト・エッセイのような趣も感じられる。

表紙には四度繰り返されるダジュールの連なりが、その言葉を唱えたときに徐々に弱くなる声の様子を示すかのように、少しずつ小さなフォントとなって印字されている。このあどけない言葉遊びのようなタイトルは、彼女の作品群に通底する態度を示すようで象徴的だ。瞬間を定着させる写真らしく「コート・ダジュール」と言い切ってしまわずに、途切れることのない時間に思いを馳せるかのようにダジュール、ダジュール……と余韻が続く。一瞬を捉える写真と、時が持続する映像との間の定義しがたい距離のようなものに彼女の関心はいつも向いていた。

元・写真家兼映画監督と公言し、二〇〇三年のヴェネチア・ビエンナーレへの参加をきっかけに「老いた映画監督から、若いヴィジュアルアーティストへ」と宣言して以来、アニエス・ヴァルダはメディアインスタレーションの制作と発表を意欲的に続けてきた。絵画への興味から始まり、写真と映像における相互的実践に至る過程を彼女の写真作品を軸に辿ってみたい。

写真家としてのスタート

パリのソルボンヌ大学で学位を得るも絵画を学ぶことに惹かれたアニエス・ヴァルダは、ルーヴル美術館の教育機関であるエコール・ドゥ・ルーヴルに入学する。三年にわたり聴講生として受講するが進級試験の結果は芳しくなく、地方の美術館に移って学芸員を目指すことよりも、写真のＣＡＰ（職業能力証明書）を取得する道を選ぶ。

ヴォージラールにある写真学校の夜間クラスに通い、一九四七年のクリスマスに百貨店のギャラリー・ラファイエットで、店に訪れた子どもたちとサンタクロースを撮影する仕事によって一九歳で職業写真家としてデビューする。翌年には友人だった俳優のジャン・ヴィラールから依頼を受けて、第二回アヴィニョン演劇祭の記録写真を担当する。この仕事は光源が足りず散々だったというものの[1]、その後も同演劇祭の記録を担い、国鉄や国立劇場でも広告や記録のための撮影に携わった。

とくに一九五一年から従事した、フランス国立民衆劇場での仕事は特別な経験だったという。それは新聞社のカメラマンのように、ある日突然訪れる重要なシャッターチャンスを待つのではなく、撮影するすべての写真がアーカイブの対象となり、撮影には常に緊張と責任が伴うものだった。上演される作品に合わせて写真の雰囲気をロマンチックにしたり、ギャング映画風にしたりといった演出的な画策を含み、また、そのように工夫する自由が与えられていた。

一九五四年、初めての映像作品となる長編映画『ラ・ポワント・クールト』（一九五五）の製作と並行して、終の住処となるパリのダゲレオ通りの自宅で写真展を開催する。中庭の壁や屋外のシャッターに設置された一八枚の作品群には、彼女の初期写真における有名な一枚、裸体の少年と男性（写真家のギイ・ブルダンがモデルを務めた）と、横たわるヤギの死体を配した《ユリシーズ》も含まれていた。

一九五七年には中国政府から招待を受けて現地に赴き、子どもたちや町の人々との邂逅が窺える、窃視的ではないスナップショットを撮っている。二ヶ月をかけて北部から南部へと移動し一箇所に留まっていたわけではないのに、同時期に中国を訪れていたアンリ・カルティエ＝ブレッソンやマルク・リブーの写真と比較すると、被写体との距離の近さに驚かされる。写真に写っている人々はみな西欧からの異邦人を和やかに見つめ、カメラを持つ者が一方的に被写体を見るという撮影構造ではない、視線の対峙が捉えられている。

国立民衆劇場の仕事をきっかけに旅行雑誌の撮影も手がけるようになっていたヴァルダは、フランス観光局からの依頼によって、二作目の映像作品となるロワール渓谷の古城をテーマにした短編『おお季節よ、おお城よ』（一九五七）を制作する。その成功を受けて、さらに海水浴客で賑わう南仏の観光地、コート・ダジュールを撮ることが決まる。そして一〇分の短編映像『ラ・ココット・ダジュール』（一九五八）と二五分のドキュメンタリー『コート・ダジュールの方へ』（一九五八）、写真集『ラ・コート・ダジュール・ダジュール・ダジュール・ダジュール』と、コート・ダジュールについての三つの作品が生まれる。一つのテーマから複数の作品が派生する傾向が、この頃から見て取れる。

写真集『ラ・コート・ダジュール・ダジュール・ダジュール・ダジュール』

コート・ダジュールという場所の特色、とりわけ文化人たちに愛された歴史を絵や文章を交えて紹介し、モノクロ写真とともに展開する本書は、ギヨーム・アポリネール、エミール・ゾラ、コレットといった作家たちによる、この土地への賛歌から始まる。

ジャン・コクトーが制作した彫刻、アンリ・マティスの暮石、フランス領だった西アフリカ・ジェンネにある聖堂を模して造った赤土のモスクといった、コート・ダジュールで見ることができる対象に加え、ジャック・プレヴェールの詩、ポール・シニャックの絵画、エリッヒ・フォン・シュトロハイムによるサイレント映画『愚なる妻』（一九二二）のスチルというように、コート・ダジュールを舞台にした作品群を次々と紹介していく。

ドキュメンタリー作品『コート・ダジュールの方へ』の「いとこにあたるように」と計画された本書は、[2] 同作を思わせる鮮やかなカラープリントを一部に用いるほか、観光地としてのコート・ダジュールに対するシニカルな視点も引き継いでいる。観光客向けのカラフルなパラソルや緑豊かな庭園の美を認めながら、それらは「偽のイブ、嘘のアダム、嘘の愛、欺瞞的なヴィーナス、偽の洞窟、偽のニンフ」であり[3]、富裕層が独占する美しい景観は偽装されたエデンだとして、人の手が及んでいない離島の存在や波、岩肌といった自然の価値を提起する。

図版などのアーカイブ資料のクレジットには国立図書館やシネマテーク・フランセーズといった機関に加えてクリス・マルケルの名前が置かれ、資料やテキストを交えながら展開する様式は、彼が一九五〇年代から手がけていた旅行ガイドブック『プティ・プラネット』も思わせる。

アニエス・ヴァルダの写真集として、撮影から時を経ず出版された唯一のものであり、高く伸びたリュウゼツランと人工的な柱を並べ、フォルムの類似性を示す構図など、ヴァルダらしいユーモラスな感覚の写真や、歌や文化、海や自然といった素朴なものへの愛着にあふれている。

『キューバのみなさん、こんにちは』

さて、アニエス・ヴァルダは活動初期にあたる一九五〇年代〜六〇年代に撮影した写真を元に、三つの映像作品を制作している。キューバ革命を終えたばかりの街の様子を捉えた『キューバのみなさん、こんにちは』（一九六三）、裸体とヤギを写した前述の構成写真をめぐる『ユリシーズ』（一九八二）、ル・コルビュジェが手がけた集合住宅で撮った写真を映像で再現する『テラスの人々』（二〇〇八）だ。

過去に制作したものを別の作品として展開する「リサイクル」は、彼女が好んで用いる手段だが、これら三つの作品からは写真を単なる素材として映像に利用するのとは異なる試みがある。写真と映像とが協働する取り組みを通して、ヴァルダ作品における写真の機能を探ってみたい。

一九六二年末、キューバ映画芸術産業研究所（ICAIC）から招聘を受けたヴァルダは、小型のライカを手に現地を訪れる。エネルギーに満ちたキューバ革命とその土地の熱気は、すでに多くのフランス人アーティストや哲学者を魅了しており、ICAICはキューバ革命終焉翌年の一九六〇年から、ヨリス・イヴェンスやクリス・マルケルといった作家を招いて映像文化の基盤作りを始めていた。

『キューバのみなさん、こんにちは』はヴァルダがこの地で撮影したおよそ四〇〇〇枚のうち一八〇〇枚ほどのスナップショットを映像に展開したもので、写真を用いて映画的空間を構築した記念碑的作品『ラ・ジュテ』（クリス・マルケル監督、一九六二）に影響を受けたという。[4] しかし写真にナレーション、それも男女のダイアローグをつけるという極めて直接的な影響以上に、この作品の特色である音と写真の掛け合いには独自の方法が見られる。

本作の代名詞といえるベニー・モレーのダンスシーンは、映像として撮影したものを後からコマ落とししたように見えるほど連続した写真で構成されている。一シーンを少ないショットでつなぐゆったりとした『ラ・ジュテ』の編集速度とは対照的に、キューバ音楽のリズムに合わせて次々に写真が切り替わる。コマ撮りアニメーションさながらの連写によって、音楽に即して写真を踊らせ、ベニー・モレーのリズムをモーショニングしてみせている。

あらかじめ映像となったときの想定がなければ、このような連続写真を撮って帰れるはずもなく、撮影をしながら同時に編集を行うという特異な実践があったことがうかがえる。扱いに慣れない16ミリカメラの機動力の低さと、録音機材への慎重な気遣いという煩わしさを捨てることで、スナップショットの身軽さとともに「チャチャチャ・ソーシャリズム」と彼女が呼ぶ、キューバの街の空気感が表現されている。

『ラ・ポワント・クールト』

『キューバのみなさん、こんにちは』における静止画を紡ぐ営みは、最終形態にそのままスナップショットを用いるという点で、ヴァルダにとって新しい試みだった。しかし、実際には彼女の最初の映画『ラ・ポワント・クールト』こそ、写真から構想された映像作品だといえる。

ヴァルダは『ラ・ポワント・クールト』を手がけるにあたり、まず幼少期を過ごした港町、セートを写真として撮ることから始める。おそらくそれはかなり強度のある写真コンテ、それこそ『ラ・ジュテ』のスチルに近しいものだったろう。まず起点となるすべてのショットを撮影し、不足していると思われるショットが後から見つかったときには絵で補った。

そうしてできあがった一連の静止画群が、結果的に映画制作の準備資料のようになったことは自覚していただろうが、彼女はこの作業を映画作りのために始めたのではなかった。「写真であって音でもあるもの。写真と音との間にある距離や関係性を同時に表現できたらいいな」[5]という、写真領域を拡張する実践として始めたのだった。

『ラ・ポワント・クールト』は、二重小説と呼ばれ、二つの物語が交互に展開しながらも表立った関係性は見られないウィリアム・フォークナーの小説『野生の棕櫚』(一九三九)にも触発されている。[6]『野生の棕櫚』の章構造との類似は、セートにあるラ・ポワント・クールトという一つの町を舞台に展開しつつもストーリー上は接点を持たない二つの家庭、都会からやってきた夫婦と漁村の家族という二者に見出すことができる。

前者のシーンにはルネサンス絵画の構図や戯曲風のセリフといった格式張った様式や、伴奏音楽が用いられる一方、後者のシーンでは技巧的なレイアウトは廃され、そのエピソードも実際に漁村で暮らす人々から聞いた内容を地元の人々に演じてもらっている。しかし録音の都合から、漁村のシーンは実際の演者とは異なる人々によってアフレコされており、[7]フィクションとドキュメントという二項対立にははっきりと分けられないゆ

『ラ・ポワント・クールト』

らぎもある。

そして文学からの影響は、章構造のシークエンスへの置換ばかりでなく、表現領域に対する態度にこそあった。当時フォークナーやヘミングウェイといったアメリカの小説家たちは、彼らの領域における新しい語り方を模索しており、ヴァルダはそうした作品を知るにつれ、写真や映画といった映像の領域においても新しい表現形式を生み出す必要性を感じたという。[8] フランス文学においても一九五三年に、のちにヌーヴォー・ロマンと呼ばれる新規的な形式の小説をアラン・ロブ＝グリエが発表しており、五〇年代前半はヌーヴェル・ヴァーグにもつながる同時代的な創発の最中にあった。アラン・ロブ＝グリエもまた六〇年代に小説から映画へと飛躍するが、ヴァルダは写真に音という要素を伴走させることで写真領域を拡張し、動画カメラをそのまま回して得られる記録映像とも異なる表現を獲得しようとした。

　しかし、静止したイメージと持続する音、それらの関係をどのように提示するかは模索のままに、一度引き出しの奥へとしまわれる。[9] フランスでは一九二〇年代からフェルナン・レジェやマン・レイといったアーティストが美術と映像を接合するような実験映像を制作していたが、展示形態としてフィルムを用いるインスタレーションやヴィデオアートが発表されていくのは六〇年代に入ってからである。

このときヴァルダのアイデアはまだ現代美術としては昇華せず、映画監督を目指していたカルロス・ビラルデボと出会い、その励ましを受けたことから『ラ・ポワント・クールト』は映画作品として急進する。ビラルデボから映画用のカメラやスタッフの手配といった実務的な協力を得て、ヴァルダが撮影していた写真をもとにポール・スリニャックやルー・スタインらが35ミリカメラを回した。パリでの追加撮影と編集はアラン・レネが担当し、レネを介してクリス・マルケルにも出会う。

港町のドキュメント性を取り込んだ『ラ・ポワント・クールト』はヌーヴェル・ヴァーグの嚆矢と位置づけられているが、それは現実の空間を切り取るという写真の取り組みから発展していった。写真と音という二つの要素を同時に表現するという関心は、作為と自然、役者と一般の人々といった対比に置き換えられながら映画において結実し、彼女の作品に時間や物語、協働者たちを呼び込んでいった。

『ユリシーズ』

一九五四年に撮影された《ユリシーズ》は、いくつもの寓意を感じさせる示唆的なモノクロ写真だ。フレームの左奥に裸体の男性が背中を向けて立ち、右手前に白いヤギの死体が横たわる。両者を結ぶ対角線上のやや男性近くの位置に、同じく裸の少年が膝を伸ばして座り、ふり返るようなかたちでカメラに顔を向けている。砂利や石が広がる開けた浜辺で撮影され、一つの平面に三つのオブジェクトが配置されているかのように被写体たちが際立って見える。

撮影のおよそ三〇年後となる一九八二年、ヴァルダはこの写真を捉え直す同名のドキュメンタリーを制作する。彼女はそこで写真に写っていたかつての少年、ユリスに当時のことをあれこれと尋ねる。幼少期にはヴァルダとよく遊び、彼がクレヨンで模写した《ユリシーズ》の絵まで残っているが、成長した彼は撮影のことをほとんど覚えていないという。被写体であった当人から明瞭な言葉が得られないためか、ヴァルダは写真に直接関わりがない子どもにさえ写真の感想を尋ねている。

ドキュメンタリー『ユリシーズ』におけるヴァルダの偏執的なまでの謎解きは、彼女の写真に対する姿勢を照らす。それは写真家は写真に写るイメージを創造するのではなく、その場に立ち会っているのだという記録性に依拠するものだ。

彼女の作品には写真、映像を問わず、セルフ・ポートレイトや『ライオンズ・ラブ』(一九六九)に見られるような絵画の構図に基づくデザイン的なレイアウトを強調するものと、『落穂拾い』(二〇〇〇)のように人々の所作を率直に記録するものという、一見相反する二つの志向がある。そして『ユリシーズ』における探求を見ると、自らが意図的に演出し、ポーズやモチーフを指示した光景に対しても後者の視点を持ち、自分の手の及ばない外界のイメージとして扱っていることがわかる。

こうした態度は、最初期の実践の場であった劇場での仕事が、美術スタッフや俳優といった自分以外の大勢の人々によって立ち上げられた空間にカメラを向けるものだったことも関係しているだろう。ヴァルダが初めて会う叔父を訪問するドキュメンタリー『ヤンコおじさん』(一九六七)でも、一回限りのはずの初対面のシーンを何度も叔父に演じてもらい、その再演の様子をカットせずに本編に収めている。カメラが捉えるのはそのように演出したという行為の記録だとする視点が、この作品からもうかがえる。

写真作品《ユリシーズ》には垂直と平行、生とその前後(誕生と死)といった記号的な読み解きを促す人為的なモチーフの配置が見られるが、それらが作家主体のメッセージとして誇示されることはない。写真は作為によるフィクションと、それに付き合った人々の時間のドキュメント性とを圧着し、撮影における関与の有無にかかわらず誰にとっても未知の要素を持ち続ける。同名の写真と映像作品を通して、彼女の写真に対する姿勢が見えてくる。

『写真のための一分間』

『ユリシーズ』によって写真から想起するイメージを積極的に受容し、発展させていくアイデアに可能性を感じたヴァルダは、テレビ放送のためのプログラム『写真のための一分間』(一九八三)を企画する。これはタイトルの通り「一枚の写真について一分間語る」というアイデアを元にしたもので、シリーズ番組として一七〇回にわたって放送された。

まず一枚の写真が無音で一〇秒間映され、そのあと写真のクロースアップや全体の切り返しとともに、その写真に対する印象が九〇秒ほどナレーションで語られる。再び一〇秒間無音で写真が映され、最後のクレジットで写真家の名前と、誰によるコメントだったかが明かされるという構成だった。

ヴァルダ自身はこのうちの一四回を担当し、ジャック゠アンリ・ラルティーグやユージン・スミスといった著名な写真家から、撮影者不明のファウンドフォトまでを選んでいる。ヴァルダのほかにはマルグリット・デュラス、イヴ・サンローラン、『ダゲール街の人々』(一九七五)にも登場したパン屋さんや子どもといったさまざまな立場の人たちがこのプログラムに参加し、自らが選んだ写真についての印象を述べた。

ヴァルダはこの作品において、撮影者に関する情報や写真批評的な言葉への無関心を示す。[10] 彼女は写真家の無名、有名にかかわらず、一人の人物が捉えた景色が別の人間によって再び見られ、それぞれに異なる印象が生まれるというイメージの湧出に興味を寄せていた。写真の価値を一義的に狭めていくのではなく、歴史的な時間と個人的な時間のどちらもを等価に扱い、一枚の写真を眺めること、「瞬間に滞在する」という写真独自の鑑賞体験をテレビを通して一般に訴えかけた。

『テラスの人々』、『ダゲール街の人々』

一枚の写真から想像を膨らますことへの関心は、さらに映像作品『テラスの人々』へと展開する。二〇〇〇年代になって、活動の領域を現代美術に広げたヴァルダは、写真と映像、それぞれの特性をよりメディア論的に問う制作を始める。

この映像作品はル・コルビュジェが手がけた集合住宅「ラ・シテ・ラディユーズ」の屋上で、一九五六年にヴァルダが撮影したモノクロ写真《コルビュジェのテラス》を、およそ五〇年後に映像で再現したものだ。セートの海沿いの建物にセットを組み、写真に写っていた人物を地元の人たちに演じてもらっている。《コルビュジェのテラス》は光があふれる見晴らしのよい空間に、水平と垂直で構成された建築物のラインが溶け込み、そこに立つ乳児を含む六人の身体による縦軸状のフォルムが印象的な写真だ。それぞれが異なる行為の最中にあり、まるで舞台の一場面を撮影したかにも見える。ヴァルダはこうした動きのある状態を凍結させる写真の特徴を、アンリ・カルティエ＝ブレッソンのいう「決定的瞬間」になぞらえながら、撮影時にその瞬間に立ち会っていたにもかかわらず、なぜその場で目の前にいる人々に「あなたたちは何者か」と尋ねなかったのだろうと自問する。[11]

ヴァルダによるこの素朴な疑問は、写真の自明を問う感覚だ。写真の特徴は、私たちが暮らす空間をフレーミングによって撃ち落とし、断片として切り離すことにある。写真は捉えた視覚情報以上のものを保持せず、子どもを抱いている男女は夫婦だろう、カメラを持っている人は観光客だろうといった先入観が、言葉や動きによって肯定されることはない。この当たり前に思えるメディアの性質に対して、なぜ抵抗したり疑問を持ったりしなかったのかという燻りから、彼女は写真が持たない時間や被写体たちの関係性を想像し、映像のイメージとして提示する。『テラスの人々』は衝立に仕切られながらも元となったモノクロ写真と横並びに展示され、写真と映像、過去と現在、事実と虚構といった対比とともに、写真というメディアの特性、その閾値を伝える。

一方で写真と映像、それぞれの性質の検討は一九七五年に発表された『ダゲール街の人々』にも見られる。写真の発明者の一人であるルイ・ダゲールが暮らした通りを撮影し、彼が発明した写像の定着方式をそのままタイトルとした本作（原題 *Daguerréotypes*［ダゲレオタイプ］）は、市井の人々を捉えた素朴なドキュメンタリーのように見えるが、この作品もまた写真と映像との対比をめぐるメディア論的な要素を持つ。

この映画のフレーミングは、画家の模写資料としてパリの街並みを撮影していたウジェーヌ・アジェの構図によく似通い[12]、今日ではステレオタイプの助長として批判される、職人や商人を表層的に写した「プティ・メティエ」を彷彿とさせる。その上で記号的な図案としての写真からこぼれる仕草や所作を動画のカメラで捉え、町の人々を固定化されたイメージでなく、それぞれの人となりが見えるように丁寧に撮影している。ナレーションにおいても、映像に写っているのは小商人、男性、女性といった古典的なステレオタイプに過ぎないのかを問いながら、本作は「ダゲレオタイプのアニエスによって撮られた」という宣言とともに、複製機能を持たない印画方式であるダゲレオタイプとして町の一人一人を捉えようとする姿勢が提示される。このドキュメンタリーでは記号的なイラストレーションと化した写真に対して、細やかな視覚情報を率直に捉える映像の機能が強調されている。

『ダゲール街の人々』が写真史の文脈をふまえ、かつ「古いパリ」の排斥を進めるジョルジュ・ポンピドゥーに対する批判という時事的な問題提起を持っていたのに対し、ヴァルダのテーマは晩年に向かうほど普遍性を帯びていった。写真と映像は瞬間と持続とも言い換えられ、この止まっているものと動いているものとの間をめぐる関心は、彼女の二〇〇〇年代以降の作品に多く見つけられる[13]。最後に、この瞬間と持続というテーマとともに、彼女の心を終生捉えた海を扱ったインスタレーション《浜辺》（二〇〇九）を取り上げたい。

《浜辺》

静止画と動画の両方によって波の様子を捉えた《浜辺》は、立体的な作品であると同時に写真的性質を備えている。展示会場に応じて複数のヴァリエーションがあるものの、《浜辺》はまず展示スペースにおける一番奥の壁面に、波が打ち寄せる瞬間を捉えた静止画像を二・五×三メートルほどの大きさで投射する。その画像の下部から手前へとスクリーンが伸び、今度はそこに動画によって、押し引きを繰り返す波の様子がプロジェクションされる。さらにその手前には海岸から運んできた砂が盛られ、これらが合わさることで一つの作品となっている。同じ画角の波のヴィジョンが固定と運動の対比とともに示され、静止画、動画、具象物という三つの要素が、過去、永遠、現在という時間の概念に置き換わるような不思議な浮遊感をたたえている。

ヴァルダは《浜辺》について、海をそのまま外へ持って行きたかったと話す。[14] 物理的には移動不可能な海という対象を別の場所へ持ち込むこと、それはかつて写真が特権的に有した性質、複製性を思わせる。写真の複製性は、動画ばかりか3Dスキャンの登場、また写真加工技術の発達による写実に対する疑念などから今ではその固有性を弱めているが、ヴァルダは静止画と動画をシンプルに組み合わせ、写真の複製性という性質そのものを抽出する。静止した像はプロジェクションであるために、プリントという写真におけるマテリアルとしての要素を消失しているにもかかわらず、複製という写真性を有し、単なる光学的なコピーではないヴァルダの海に観客を招く。

そして《浜辺》はこれまでの作品で見られたような、写真でできないことを映像で補完するといった方法でなく、静止画と動画、それぞれの性質が自律的なものとして対峙する。光学的な反応や技法による即物的なドキュメントとは異なる形式で、写真性を備えた一つの空間的なインスタレーションが立ち上げられている。

アニエス・ヴァルダとブラッシャイ

アニエス・ヴァルダの関心は、写真と映像、瞬間と持続といった、二つの極の間を絶えず漂う。それは『テラスの人々』や《浜辺》、あるいは静止した写真をフレームの中心に配した映像作品『アリスと白い牛』（二〇一一）のようにメディア同士が直接的に組み合わされることもあれば、『ラ・ポワント・クールト』のように潜像的に関係し合うものもある。

彼女は写真を扱う映画として、ミケランジェロ・アントニオーニの『欲望』（一九六六）やマノエル・ド・オリヴェイラの『アンジェリカの微笑み』（二〇一〇）を挙げるが、これらは写真やカメラ、そして写真家自身の見ることに対する切迫した視神経を映画領域の題材として表現したものだ。ヴァルダにおいては写真についての問いかけが、映像や映画のかたちをして現れるのだった。無数の写真、無数のフレームから映画が生まれるように、写真を問う連鎖が時間を伴う映画となった。

『落穂拾い』でハンディカメラの身軽さを称え、晩年はInstagramにも親しんだアニエス・ヴァルダは、スマートフォンカメラの台頭によって映像作家の定義はより曖昧になったと話す。[15] 誰もが手軽に画像や動画を撮って発表でき、公開した映像が自動で消えるエフェメラル機能がＳＮＳに備えられる現在、制作の容易さに比例するように視覚情報の消費スピードは一層加速している。

身一つで動ける機動力を好んだアニエス・ヴァルダの作品には、市販のハンディ・カメラやスマートフォンによって得られる素朴な風合いの作品も多く見られる。しかし彼女には撮っては消えるどころか、五〇年にもわたって一枚の写真を見続けるような過ぎ去らない目があった。それはアニエス・ヴァルダが亡くなる半年前に語った、パリを撮り続けた写真家、ブラッシャイから受けたという助言「時間をかけて、よく見て。注意深く見るんだ」と通じ合う。[16] 映画を撮り始める前、まだ若い写真家だった頃にブラッシャイが彼女にかけた言葉は、長くその心に残り続けた。そしてこの言葉はヴァルダにかかると、写真というメディアそのものに向けられた。時間をかけて、瞬間をよく見ること。そのまなざしへの関心が、アニエス・ヴァルダの作家性を育んでいった。

註

1 Paula de Felipe Marínez "Agnès Varda. From Photography to Cinema and Vice Versa", *L'Atalante*, July-December 2011 (2013 reedition), p. 70.

2 Agnès Varda, *La côte d'azur d'azur d'azur d'azur*, Éditions du Temps, 1961, p. 8.

3 Agnès Varda, *La côte d'azur d'azur d'azur d'azur*, p. 71.

4 Owen Myers, "Agnès Varda's last interview: 'I fought for radical cinema all my life'", *The Guardian*, March 29, 2019. <https://www.theguardian.com/film/2019/mar/29/agnes-varda-last-interview-i-fought-for-radical-cinema-all-my-life>

5 Paula de Felipe Marínez "Agnès Varda. From Photography to Cinema and Vice Versa", p. 71.

6 Ginette Vincendeau, "*La Pointe Courte*: How Agnès Varda 'Invented' the New Wave", *The Criterion Collection*, January 21, 2008. <https://www.criterion.com/current/posts/497-la-pointe-courte-how-agn-s-varda-invented-the-new-wave>

7 Rebecca J. DeRoo, *Agnès Varda between Film, Photography, and Art*, University of California Press, 2017, p. 45.

8 Owen Myers, "Agnès Varda's last interview: 'I fought for radical cinema all my life'".

9 Paula de Felipe Marínez "Agnès Varda. From Photography to Cinema and Vice Versa", p. 71.

10 Paula de Felipe Marínez "Agnès Varda. From Photography to Cinema and Vice Versa", p. 72.

11 Laura Feinstein, "The grandmother of French New Wave cinema discusses film, listening as empathy, and the joys of Instagram addiction", *The Front*. <https://thefront.tv/read/a-curious-final-act-for-the-queen-of-auteur-cinema/>

12　Rebecca J. DeRoo, *Agnès Varda between Film, Photography, and Art*, p. 89.

13　二〇一五年には"Photographs Get Moving (potatoes and shells too)"と題した展覧会がシカゴ大学で開催されている。

14　Laura Feinstein, "The grandmother of French New Wave cinema discusses film, listening as empathy, and the joys of Instagram addiction".

15　Michael Kurcfeld, "Photographer Spotlight: Agnès Varda", *Los Angeles Review of Books*, January 26, 2016. <https://lareviewofbooks.org/av/photographer-spotlight-agnes-varda/>

16　Owen Myers, "Agnès Varda's last interview: 'I fought for radical cinema all my life'".

アニエス・Vによるジャック・ドゥミ

千葉文夫

ジャック・ドゥミが長編第一作となる『ローラ』（一九六一）の撮影にあたって舞台に選んだのは、ロワール河が大西洋に注ぐ河口に位置する港湾都市ナントだった。名高いパサージュ・ポムレーはもちろんのこと、遊園地や劇場など、思い入れのある場所を舞台装置として、数々の出会いとすれ違いを演出することで映画が出来上がっている。彼自身の叔母をモデルとする女性ふたりが働くカフェからクレーンが見える河沿いの光景にしても、彼自身のナントの記憶には欠かせないものであったはずだ。

『ローラ』はヌーヴェル・ヴァーグの幕開けを告げる作品の一つとなったが、その三〇年後の一九九〇年、アニエス・ヴァルダは、長い時間を共に過ごした伴侶でもあるこの映画作家の少年時代を描く映画を撮影する。原題名は『ナントのジャコ』、つまりヴァルダもまたこの町にたちもどり、一家の自動車整備工場をフォーカスの中心に据えることで、少年ジャコがどのようにして映画作家ジャック・ドゥミになったのか、その変化の秘密をさぐりあてようと試みるのだ。

ジャック・ドゥミが亡くなったのは一九九〇年一〇月二七日、『ジャック・ドゥミの少年期』（一九九一）には、その数週間前に撮影されたとおぼしき映像が組み込まれている。ノワールムティエの浜辺で撮影されたドゥミの姿だ。頬がこけて、こちらを見つめるまなざしに寂しさがただよう。砂をすくう手が大写しになり、指のあいだから砂粒がこぼれおちてゆく。死へとむかう時間の進行をおしとどめることは誰にもできない。そして、この映像の撮影から三〇年あまりの歳月が過ぎたいま、浜辺に寝そべる伴侶の姿をカメラにおさめたアニエス・ヴァルダもこの世にはいない。本稿では『ジャック・ドゥミの少年期』を出発点として『ローラ』へと時間をさかのぼり、さらには『ローラ』に刻み込まれたマックス・オフュルスへの献辞の意味をさぐってみたい。

ナントのジャコ

『ジャック・ドゥミの少年期』は一九三九年から一九四九年までのほぼ一〇年にわたり、少年が成長してゆく姿を追っている。三人の少年がジャコを演じ分けている。父が経営する小さな整備工場で仲間の少年たちと遊ぶジャコ一をとらえるショットに始まり、パテ・ベイビーやエルクサムなどの小型カメラを手に入れ、映画撮影と映写を試みるジャコ二を経て、本格的に映画制作を学ぶためにヴォージラール街の写真映画技術専門学校にむかって歩いて行くジャコ三の後ろ姿をとらえるショットにいたるまで、全体としては、スペクタクルと映画に夢中になる少年の成長を追うクロノロジカルな展開になっているが、いわゆる回想の物語という枠にはおさまらない要素が多々ある。この映画のイタリアでの公開時のタイトルは *Garage Demy*（『ドゥミ自動車整備工場』）だが、ある意味でこの作品の本質をとらえた変更だといってもよいだろう。撮影は、かつてドゥミ一家が暮らしたタヌール通りの家とその真向かいにあった自動車整備工場でおこなわれ、それにともなう数々の発見が新たな展開を映画にもたらしている。まずは場の記憶にこだわるアニエス・ヴァルダの言葉を引用しておこう。

タヌール河岸にあったドゥミ一家の本物の自動車整備工場で撮影ができたのは幸運だった。これに通じるアパルトマンも昔のままだった。ジャックが一二歳から一四歳にかけて人形芝居やアニメ映画の最初の試みを手がけた屋根裏もかつてのままの姿で、そこに上るための梯子をおくだけでことは足りた。[1]

『ジャック・ドゥミの少年期』Jacquot de Nantes
© ciné tamaris 1990

整備工場とこれに隣接するアパルトマンとの位置関係をも含め、一家の暮らしの日常を凝縮して示すトラヴェリング・ショットが映画の導入部をなしている。少年たちが整備工場奥の暗がりに身を隠し、半ズボンをおろして性器を見せ合う幕開けは観客の意表をつくものだが、彼らが奥から出て来るのにあわせて、人びとが絡み合う動きが生じる。『カルメン』の「ハバネラ」を口ずさみ、ソルフェージュの練習をする声がどこからか聞こえてくる。カメラは工場を出てアパルトマン前面に回り込み、ジャコが梯子をつたって屋根裏にあがる姿をとらえる一方、真向かいの部屋で踊る少女を窓越しに映し出す切り返しのショットが差し挟まれ、その後はまた階下に戻って鋏を手にヘアセットをする母と顧客の女性の横顔を、これもまた窓越しに映し出す。そこから整備工場のほうにまたカメラが戻ると、「もう終わったのかい」という声が聞こえ、これに「エンジンは冷えていると少し異音がするけれど、正常だ」と答えが返ってくるが、その瞬間、これとまったく同一のやりとりからなる『シェルブールの雨傘』（一九六四）のシーンに切り替わる。時間にしてほとんど数分間だが、映画全体の構成を凝縮した密度の濃いシークエンスだといってよい。

その後は、ドイツ軍による占領からナント空爆にいたる時代背景のなかで、一家がオペレッタや映画を見に行くのを楽しみにしていて、しょっちゅう唄を口ずさんでいること、少年ジャコが屋根裏部屋にこもって人形芝居の舞台装置の制作やらアニメ映画作りに夢中になること、ダニエル・ダリューの写真を部屋に飾り、映画界に入る夢をいだく隣家の少女レーヌが未婚の母となることなど、一家およびその周辺の日常生活のさまざまな局面が描き出されるが、数多くのエピソードに対してジャック・ドゥミの映画との関連づけがなされ、『ロワール渓谷の木靴職人』（一九五五）、『ローラ』、『天使の入江』（一九六三）、『シェルブールの雨傘』、『ロシュフォールの恋人たち』（一九六七）、『ロバと王女』（一九七〇）、『ハメルンの笛吹き』（一九七一）、『都会のひと部屋』（一九八二）、『パーキング』（一九八五）などの抜粋映像がまるで脚注のようにして嵌め込まれることになる。

『ジューヌ・シネマ』誌第二一五号（一九九二年五月―六月）に掲載されたインタヴューで、ヴァルダはこの映画が三つの異なる要素の綜合からなっていると述べている。[2] 第一の要素はジャック・ドゥミが書き記した回想および彼女が直接聞いた話をもとにした少年時代の再構成であり、第二の要素はジャック・ドゥミの映画の発想源の探求であり、第三の要素は死が間近に迫る彼の姿、とくにその肌、髪の毛、瞳をクロースアップでとらえる試みだという。

この三つの要素は容易に見わけることができる。第一の要素であるナントの少年時代の回想は、基本的にモノクロ映像で構成され、第二の要素に関係するドゥミ映画の発想源としての人形劇、オペレッタの舞台、映画ポスターなどの要素はカラー映像によって示される。同じくドゥミ自身の映画からの引用もまた基本的にはカラー映像の部分に含まれているが（『ロワール渓谷の木靴職人』、『ローラ』、『天使の入江』はモノクロ作品なので話は別だ）、このカラー映像の扱いについてはさらに細かく見てゆく必要があるだろう。第三の要素となるのはダゲール街のアトリエおよびノワールムティエの浜辺で撮影されたものであり、時期としてはジャック・ドゥミが死ぬ二、三ヶ月前の映像である。

一九九四年にカイエ・デュ・シネマ社から刊行された『アニエスによるヴァルダ』に収録された日誌風の記述に、アトリエおよび浜辺での撮影に言及するくだりがあるので二箇所ほど引いておこう。[3] いずれも一九九〇年のものだ。「七月、ダゲール街の中庭でジャックについて誰の目にも明らかな姿を撮影した。彼の顔、手、瞳」。さらに以下の記述。「ノワールムティエで、八月のある日曜日、浜辺でジャックをとらえる幾つかのショットを撮る。手持ちカメラで、一ショットもしくは二ショット。ジャックの顔にもカメラを向ける。私は彼の死を恐れていた。美しい夏の一日が終わろうとする時間だった。そんなことは初めてだったが、私と一緒に浜辺の美しさを慈しむだけの体力がなくなっていた」。『ジャック・ドゥミの少年期』の冒頭で浜辺に寝そべるジャック・ドゥミの姿を目にするとき、「体力がなくなっていた」という言葉が実感として迫る。

ヴァルダが語る三層構造を別の視点から見直せば、時間軸に沿った連辞的関係ばかりではなく、むしろアナロジーにもとづく範列的関係にこの映画の本領があるという言い方になるだろう。時間の流れから逸れる独自の連想作用には幾つかの類型が見出される。そのひとつはドゥミの映画から切り取られたシーンが差し挟まれる瞬間だ。すでに見たように映画冒頭の整備工場のモノクロ映像が『シェルブールの雨傘』の一シーンに切り替わる瞬間がこれにあたる。実際の体験がベースとなっているシーンがあるという説明だが、もちろんドゥミの映画の数々のシーンが『ジャック・ドゥミの少年期』のなかで演じ直されているわけである。ほかにも、「パリにゆくつもりだ」という言葉をきっかけに『ロシュフォールの恋人たち』の姉妹が「チャンスをもとめてパリにゆくつもり」とうたうシーンに切り替わり、「お父さんは若い時に街中に部屋を見つけて住んだ」という祖母の言葉をきっかけに『都会のひと部屋』でダニエル・ダリューがうたうシーンに切り替わるなど、目的意識的な関係づけであっても、むしろ即興的にこれがなされている印象をわれわれにあたえる点に特徴がある。

映画のなかにもうひとつ別の映画の断片を嵌め込むという手法をヴァルダは好んで用いてきた。初期の映画では『5時から7時までのクレオ』（一九六二）でヒロインが女友達のクレオと一緒にモンパルナスの映画館にゆき、映写室の覗き窓から『マクドナルド橋のフィアンセ』（一九六一）と題する短編を見るシーンがあった。嵌め込まれる対象を動画から静止画像、つまり写真や絵画およびその他もろもろの矩形のフレームで切り取られたイメージにまで拡大すれば、イメージの屈折《レフレクシオン》が彼女の映画の本質的な構成原理となっていることが見えてくるはずだ。

手の称賛

すでに触れたように、冒頭の整備工場のシーンは『シェルブールの雨傘』を下敷きにしてモノクロ映像による回想版を作っていると考えることもできるわけだが、このような実生活と映画の並行関係を示すにあたって、ヴァルダは人差し指を伸ばした手が描かれたパネルを利用している。もともと整備工場の案内板だったものので、作業現場でたまたま見つけたものを再利用する点でブリコラージュ的であるが、人差し指という記号による参照関係の指示を見るにとどまらず、これもまた矩形のフレームにおさまるイメージとして見るならば、ある種のフェティッシュ的な価値がそこにあるともいえる。

『ジャック・ドゥミの少年期』は『マドモワゼルたちは二五歳になった』（一九九三）および『ジャック・ドゥミの世界』（一九九五）などドキュメンタリー的性格をもったフィルムとは肌合いが異なっている。これをフィクションとドキュメンタリーの違いだとするのは、あまりにも粗雑な見方であって、もともとヴァルダに両者の歴然とした区別があるかどうかは疑わしい。この肌合いの違いということをさらにつきつめてみると、何よりもまず「探求」と「発見」がこの映画の特質をなしている点が見えてくる。

この映画の撮影の過程では、屋根裏部屋に残されていた人形芝居の舞台、照明器具、フィルム断片などが発見されたという。はじめジャコはモデルカーで遊んでいて、整備工場の日常を子供なりに模倣しているわけだが、やがて人形芝居の舞台装置やアニメ映画のための人形を自分で作り始める。舞台装置や人形ばかりではなく、フィルムの表面をナイフで削ってそこにペンで絵を描きアニメ映画を作るなど、工夫をこらして何かを作り出すブリコラージュ的な作業を試みる手のうごきが丹念にひろいあげられている印象だ。この映画が浜辺に横たわるジャック・ドゥミをとらえるショットで始まることはすでに触れたが、そのあとは浜辺に横たわる裸の男女を描く絵のクロースアップに替わる。ふたりはしっかりと手をつないでいる。『都会のひと部屋』の不評もあって、晩年の彼は映画製作から離れて絵を描くようになり、そのためにデッサンの学校にも通っていたという。ドゥミが描いた浜辺の男女の絵は、いつしか映画作家の余技以上のものに見え始める。映画作家になる前の少年ドゥミ、映画作家として活動していた時期のドゥミ、映画を作らなくなって絵を描き始めたドゥミ、そのすべてをヴァルダは追いかけ、それぞれの時期に相応な手段をもってなしとげられた仕事のすべてにひとしい価値をあたえようとする。いやそればかりか、手仕事を見つめる視線はジャコ以外の人物にも分け隔てなく注がれている。ジャコは台所で母がたちはたらくそばで、フィルムを湯に浸し、ナイフで表面を削り取り、まっさらなフィルムに作り直す。母親の手仕事の延長線上にあるしぐさだといってもよい。整備工場での作業の細かな部分が描き出され、カーディガンにボタンを縫い付ける母の手先がクロースアップになり、木靴職人が工具を使って木材を削るところでは、力の入れ方が見る者にじかに伝わってくる。美術史家アンリ・フォシヨンの古典的著作のタイトルにならって言えば、ここでなされているのは「手の称賛」にほかならない。

モノクロの単純過去、複合過去のカラー

ドゥミの映画への「参照部分」はもとがカラー映像なのだからモノクロからカラーへの切替が生じるのは当たり前の話であって、むしろ本当の意味での独自性はこれとは別のカラー映像の挿入に関係している。幾つか

あるパターンのなかでもっとも明解なのは、舞台映像の嵌入である映画冒頭の人形芝居、グラン劇場でのオペレッタ『軽業師たち』、同じく『アンゴー夫人の娘』など、いずれもスペクタクルとして演じられるシーンの挿入であり、これらはクロノロジックな展開から逸れたものとして扱われ、カラー映像となっている。冒頭のタイトル・ロールそのものが人形芝居の劇場のプロセニアム・アーチと幕をそのまま利用するかたちで作られていた。赤い幕の上に、用いられる楽曲のリストをはじめとして、製作スタッフ、演技者の名が記されてゆく。あたかもこれから始まる映画そのものが芝居の枠内にあるというかのような細工である。

より即興的な印象をあたえるのは、たとえばリオの叔母と呼ばれる女性がドゥミ一家を訪れるときの処理の仕方だ。現実の出来事にスペクタクル的な効果が付与されるケースである。家の前でジャコ一が段ボール製のモデルカーで遊んでいると、車でやってきたひとりの女性が父レーモンの所在を訊ねる。そこまではモノクロ映像だが、車から降りた彼女とジャコの視線が合うところでカラー映像に切り替わる。その瞬間、白地に赤や緑の大きな花柄模様が描かれたドレスが目に鮮やかに映る。これにつづく、親戚一同そろって再会を祝う会食シーンは、モノクロ映像とカラー映像の細かな切替の連続によって構成されている。最初はモノクロ映像による叙述だが、「わたしはカジノが大好きなの」という言葉を叔母が口にするとともに、『天使の入江』でジャッキーとジャンがルーレットに夢中になるシーンへの切替が生じるが、この場合はモノクロ映像から別のモノクロ映像への移行でしかない。ところがブラッスリー内で女歌手がリナ・ケッティの有名な持ち歌「待ちましょう」を歌い始める段になってカラー映像へと切り替わる。プロセニアム・アーチの枠はないが、舞台に準じるものだと考えれば、この転換は不思議ではない。予想外なのは、このショットが人形を映し出すカラー映像に受け継がれるアナロジーをもって一連の流れが終わりをむかえる点である。

スペクタクル性をおびたものはカラー映像で示され、スペクタクルを眺める者はモノクロ映像で示されるというのがもともとの原理であったはずだが、この会食シーンもまたいつのまにかモノクロ映像からカラー映像に変化している。一家のテーブルをとらえるカメラはやがてゆっくりと後ろに引いてゆき、アールデコ風の装飾の中央に位置する大きな鏡を映し出す。どこかで見たような光景だ。それもそのはず、これは『ローラ』で撮影に用いられたサロンなのである。アールデコの装飾で有名なブラッスリーをドゥミはキャバレー「エルドラド」に変貌させたわけだが、カメラが引いてゆくにつれて、大きな鏡を正面にすえるサロン全体の姿が可視化され、それと同時に、同じ場所を舞台としてアヌーク・エメが「わたしよ、ローラよ」と歌い踊るシーンに切り替わる。この場合はカラー映像からモノクロ映像への転換が生じているわけである。

　ヴァルダは「一九九三年にそのことを考えると」と題する文章で、この映画を見た子供たちとのやりとりを記し、「ほかの誰かの記憶をどうやって憶えているのか」というひとりの子供の問いに思いをめぐらせる。[4] というのも、いかにして他者の記憶に入り込むのかという問いは本作のみならず、ヴァルダの映画にとっての根本問題だといってもよいものだからである。ヴァルダはドゥミに少年期の思い出を書き記すようにうながし、堰を切ったようにあふれ出てくる回想の記録をもとにダイアローグを書き加え、映画を完成させる。ドゥミが書いたテクストは単純過去で書かれていたというが、[5] これに対して語り手の現在との関係で過去を測定する複合過去の部分をヴァルダが受け持つことで、単純過去のモノクロの叙述に対して情動的な価値をともなう複合過去の彩りが加わると考えることもできるだろう。

　しかしながら、われわれ観客の記憶に未消化なまま残るのは、このように説明可能な切替ではなく、われわれの注意をすりぬけるようなカラー映像への転換である。疎開先から整備工場に戻ったジャコが例の案内板の下に小型蓄音機をおいて、七八回転のレコードをかけるシーンを見てみよう。流れてくるのはシャルル・トレネが歌う「さくらんぼの実る頃」だ。あたりには柔らかな光がそそぎ、壁の割れ目から突き出した木の枝、そして日の光をあびて輝く木の葉の茂りをカメラのゆるやかなうごきが追う。と思うと、いつのまにかカラー映像に替わっている。例によって近接撮影なので最初のうちはそれと判別できないが、どうも肌とそこに生える灰色の髪であるようだ。最後はみひらかれた瞳が映し出され、そこでショットは切り替わり、海の光景になる。かもめの鳴き声が聞こえる。

ミュージカルを模倣するしぐさ

ジャック・ドゥミとアニエス・ヴァルダが出会ったのは一九五八年のトゥール短編映画祭でのこと、写真家として彼女が仕事をしていた頃だ。その四年後にふたりは結婚する。アラン・レネとともにヌーヴェル・ヴァーグ左岸派とも称されたふたりの関係についてここで踏み込むことはしない。その代わりに、一九六〇年から六二年にかけて、ふたりがミシェル・ルグランと多くの体験を共有したことを振り返ってみておくことにしよう。

『ローラ』の主題歌の作曲はいうまでもなくミシェル・ルグラン、歌詞はアニエス・ヴァルダが書いている。アヌーク・エメおよび作曲家自身の証言によれば、「エルドラド」でこの曲をうたうシーンはアフレコで、歌詞を読む唇のうごきにあわせてあとから音を入れたという。ミシェル・ルグランの即興的な仕事ぶりはヴァルダの『5時から7時までのクレオ』でも縦横無尽に発揮されている。クレオの部屋にルグランが入り込んできてピアノを弾きながら次から次へと曲をうたうシーンがそれである。ヴァルダはここでもルグランと計四曲の歌を作っている。

『シェルブールの雨傘』は何度見直しても、これほど完璧な映画はないのではないかと変わらずに思う。「間然するところなし」という表現はまさにこのような場合にあてはまるのではないか。ジャック・ドゥミはミシェル・ルグランという盟友を得て、すでに長編第三作目、いわゆるミュージカル映画の第一作目にしてすでに誰にも真似できない独自の境地をきりひらいてしまった。シェルブールの港の光景に始まって、色とりどりの雨傘を真上から見下ろすシーンに移行し、ガレージでのギイと客のやりとりにいたるよどみない流れは、そのあとの展開でも失われることはなく、まるで音楽を聴くようにしてわれわれはこの映画を見終わることになるだろう。ここではジュヌヴィエーヴもギイもエムリー夫人もロラン・カサールもマドレーヌも、それぞれの人物を演じる俳優が実際には歌ってはおらず、歌の部分は吹き替えで処理されているというのに、そのことを不自然に思う人間がいるだろうか。

ミシェル・ルグランが果たしたジャック・ドゥミの映画への貢献はあまりにも大きなものであり、逆にいえば、そのイメージの支配下に見えなくなってしまったものもあるのではないか。『ジャック・ドゥミの少年期』における楽曲の扱いはこのことを考えるきっかけになりうる。楽曲そのものの扱いという以上に、特定の環境のなかで曲がどのように響くのかという音響効果の問題だといってもよい。たとえばポータブル蓄音機からシャルル・トレネの歌う「ブン」が流れてくるシーンがそうだが、ジャコは曲にあわせて手をたたき、若い整備工もこれに応じるかのようにボックスに金属部品をリズミカルに投げ入れる。ドゥミ＝ルグランのミュージカル映画にありそうでない部分だろう。ヴァルダの映画における音楽の扱いは総じて繊細をきわめるものであって、『ジャック・ドゥミの少年期』にあっても、何度か繰り返される海景はバックに流れるジョアンナ・ブルズドヴィチュ作曲の音楽、とくに弦と管が奏でるかすかな不協和のひびきと一体化してわれわれの記憶となっている。この映画では手仕事に注意深いまなざしがそそがれるだけでなく、手仕事にともなう物音にも最大の注意がはらわれているのだ。

『ローラ』あるいはマックス・オフュルスへの献辞

最後に『ローラ』の浜辺に目をむけることにしよう。映画が始まってもしばらくスクリーンは黒画面のまま、その闇を見つめるわれわれの耳に海鳥の鳴き声が聞こえてくる。黒画面にアイリスがひらいて、浜辺に沿う道路を白いキャデラックがこちらにむかって走ってくる。シネマスコープ（より正確にいえばフランスコープと呼ばれるものだ）の白黒画面一杯にLOLAのアルファベット四文字が、そして右下には小さく「マックス・

オフュルスに捧げる」という語句が現れ、それとほぼ同時に、車は速度を落とし、道路から逸れて、われわれの目の前に横付けになる。白いスーツ姿の男が車から降りると、浜辺のほうにむかい、立ち止まって海を見つめる。男が乗るオープンカーはもとより、白いカウボーイ・ハットをかぶり、サングラスをかけ、葉巻を口にくわえた白いスーツ姿の体格のよい男のどこにもオフュルスへの献辞につながる要素など見出せないように思われる。

ドゥミはオフュルスではなくロベール・ブレッソンへの献辞を書き込むこともできたにちがいない。『ブローニュの森の貴婦人たち』(一九四五)で踊り子アニエスを演じたエリナ・ラブルデットは『ローラ』ではデノワイエ夫人として登場するが、ドゥミは、かつてダンサーであった過去をそれとなくほのめかす言葉を彼女に語らせている。当然のことながら、われわれはロベール・ブレッソンの映画でトップハットをかぶり黒いタイツ姿で踊っていたアニエスの姿を思い出すわけであり、ヴァルダならば、例の矢印にかわる指のイメージを合図とする映像コラージュを試みるところだろう。おまけに『ブローニュの森の貴婦人たち』でのラブルデットは娘役で、リュシエンヌ・ボガートが演じるその母親にはD夫人なる名前があたえられていた。かつてアニエス・Dだった娘が、十数年の歳月を経てデノワイエ夫人として再登場するわけだが[6]、セシルという娘をひとりで育てる設定は、いうまでもなく『シェルブールの雨傘』ではアンヌ・ヴェルノンとカトリーヌ・ドヌーヴが演じる母娘に引き継がれ、さらに『ロシュフォールの恋人たち』ではダニエル・ダリューとドルレアック/ドヌーヴ姉妹がこの関係を演じなおすことになる。ジャック・ドゥミの映画を決定づける細胞核というべきものがここにある。

マックス・オフュルスへの献辞には、『ローラ』製作の四年前にこの世を去った映画監督を追悼する儀礼的な意味も当然含まれていたはずだ。ヌーヴェル・ヴァーグの世代は繰り返しオフュルスにオマージュを捧げてきた。フランソワ・トリュフォーは「マックス・オフュルス死す」と題する追悼文において、ジャン・ルノワールとともにフランスの最良の映画作家だったとする。ジャン＝リュック・ゴダールも『快楽』（一九五二）の短評では、その第三話「モデル」での「シモーヌ・シモンの動きはとてつもなく素晴らしい」と最上級の讃辞をおくり、「ほれぼれするほど美しい女を出演させ、その相手役に《あなたはほれぼれするほど美しい》と言わせるということ、これが映画なのだ」と締めくくっている。まもなくゴダールはアンナ・カリーナに出会い、「これが映画なのだ」という彼独自の実践を試みることになるだろう。

『ローラ』の献辞には儀礼的な意味にとどまらぬ何かがある。誰もが思うのは、背後にひかえる海の光景である。オフュルスの『快楽』はノルマンディ海岸とおぼしき浜辺の光景で終わっていた。そのモノクロ画面の鈍色の海景の質感は、どこか心に重くのしかかってくるようで忘れがたい。遠景には浜辺に遊ぶ子供たちの姿が見え、凧が宙に舞っていた。画面手前にむかってくるひと組の男女の姿がある。女は足を伸ばして車椅子にすわり、膝には毛布がかかっている。男は車椅子をゆっくりと押して歩く。ふたりはひとことも言葉をかわさない。『ローラ』の冒頭で車から降り立つ男ミシェルが見つめるモノクロの海景、さらにはヴァルダがドゥミに捧げる映画の冒頭とラストに繰り返されるノワールムティエの海、カラー映像でありながらも、鈍色のトーンをおびた海景がこれに重なって見え始める。

これに加えてローラという名は『歴史は女で作られる』（一九五五）のローラ・モンテスを、キャバレー「エルドラド」はテリエ館を、ドゥミ映画の出会いとすれ違いは『輪舞』（一九五〇）のそれを連想させるわけであり、じっくりと考えてみたいところではあるが、ここでは紙数の関係もあって、音楽の用法に話を限定することにする。

『ローラ』の冒頭のカットで、タイトルの文字が現れる前に聞こえる数小節ほどのメロディはオフュルスの『快楽』第二話「テリエ館」に流れていたものだ。同じ曲が使われているというよりも、オフュルスの映画のサウンドトラックがそのまま転用されているのかもしれない。ベランジェ作曲になるこの唄は一九世紀半ばの流行歌で、モーパッサンの原作では、マダム・テリエの求めに応じてローザが歌い、テリエ館の女たちが声をあわせてリフレインを合唱する。オフュルスの映画では、午後の列車に乗るために、来たときとおなじく荷車に乗って鉄道駅にむかう女たちが、花が咲き乱れる野があまりに美しいので思わず一休みして花を摘む幸福感あふれる場面、まるでモネの絵をそのまま移し替えたような印象的な場面で、ローザを演じるダニエル・ダリューがその一節を口ずさむ。

第二話冒頭でテリエ館の女たちが次々と紹介される場面で、ブラインド越しにダニエル・ダリューの姿がかいまみえるときに聞こえるのもこの唄である。このときは自動ピアノが奏でる響きであり、ダニエル・ダリューはくわえ煙草姿で楽器の横についているハンドルを回している。[7] この曲はごく単純なものでありながら、局面に応じてたえず雰囲気が変化する。駅に降り立った女たちが荷車に乗ってリヴェの家にむかうときにはアクセントを誇張した意気揚々たる雰囲気だったのに対して、その次の日の午後、彼女らを駅に送りとどけたあと、沈み込んだ雰囲気に変わる。

『快楽』は全部で三話からなっているが、それぞれにトレードマークのような曲が結びつけられている。第一話「仮面」のキャバレーのめくるめく乱舞を活気づけるカドリーユ、第二話はベランジェの流行歌に加えて、教会のシーンでは賛美歌とモーツァルトの「アヴェ・ヴェルム・コルプス」、第三話ではオペレッタ『コルヌヴィルの鐘』のワルツ風の曲「空を見ていた」が用いられている。『快楽』のタイトル・ロールにあわせ、「アヴェ・ヴェルム・コルプス」、カドリーユ、ベランジェの唄、「空を見ていた」の順にオーケストラ用がバックに流れる。[8]

ベランジェの唄はダニエル・ダリューの記憶と切り離せないものになっている。『ローラ』の冒頭にはこの唄の一節が流れ、ほどなくベートーヴェンの交響曲第七番第二楽章「アレグレット」の荘重な響きが聞こえてくる。と思うと打楽器の軽快な連打に変わってまったく別の雰囲気になる急転換には、あえて調和を拒もうとする心意気を見るべきだろうが、ベートーヴェンの楽章は映画の結末部分に回帰し、円環がかたちづくられることになる。ローラとミシェルは再会し、彼らの乗る白いキャデラックは幸福をめざして疾走をはじめようというのに、葬送音楽にも似た響きに包まれるのはなぜなのか。

「幸福は楽しいものではない」というのは『快楽』をしめくくる最後の台詞である。画家と車椅子に乗ったその妻がふたりの男の目の前を通り過ぎてゆく。そのひとり、かつてこのカップルと親しくつきあった男によって、恋に落ちたふたりに、やがて諍いの日々が訪れ、あげくの果てに女は自殺を試み半身不随になり、それで男が心を入れ替えたのか、ふたりは結婚したということのなりゆきが明かされる。不幸な話ではないかという相手の言葉に応じて発せられるのが、この最後の台詞である。モーパッサンの原作にこの言葉はない。オフュルスかジャック・ナタンソンのどちらかが書き加えた《Le bonheur n'est pas gai》というこの言葉は、誰もが口にしたくなる究極の紋切型表現といってもよいだろう。アニエス・ヴァルダの『幸福』(一九六五)を見終わったわれわれはこの言葉をつぶやいて何となく腑に落ちた気分になるかもしれない。『シェルブールの雨傘』、『ロシュフォールの恋人たち』などの幸福なミュージカル映画が『都会のひと部屋』の不穏な雰囲気にたどりつく展開を知るとき、この言葉をつぶやいて納得した気分になるかもしれない。ただしここには、それ以上の何かがありうる。マックス・オフュルスの場合も、ジャック・ドゥミの場合も、アニエス・ヴァルダの場合も、映画がたくみに音楽と結びつく瞬間、紋切型表現はその域を超えて別の何かに変わるように思われるのだ。

註

1 «Jacques Demy ou une enfance nantaise : Dossier pédagogique enseignant Parcours en autonomie niveau primaire », Direction du

Patrimoine et de l'Archéologie, disponible sur le site *Archives de Nantes.* http://www.archives.nantes.fr/PAGES/EDUCATIF_NEW2/dossierspeda_pdf/visites_DPARC/jacques_demy_livretenseignantprimaire.pdf

2　*Varda par Agnès,* Editions Cahiers du cinéma, 1994, p. 278.

3　*Ibid.*, pp. 203-204.

4　*Ibid.*, p. 206.

5　*Ibid.*, p. 202.

6　アンヌ・ヴェルノンはジャック・ベッケル監督の『エドワールとキャロリーヌ』（一九五一）および『エストラパード街』（一九五三）で初々しい姿を見せている。ダニエル・ジェランやルイ・ジュールダンとの共演で、おまけに後者にはジャン・セルヴェが出ている。みなオフュルス映画の出演者である。『エストラパード街』でダニエル・ジェランが口ずさむのは、ブラッサンス作曲の「雨傘」だし、何と自動車整備工場のシーンもある。オフュルス＝ベッケル＝ドゥミのつながりを考えてもよさそうだ。

7　『ジャック・ドゥミの少年期』を見たあとで『快楽』を見直すと、ハンドルを回すダニエル・ダリューのしぐさがどうも気になる。たぶんヴァルダの映画で、小型カメラ、ポータブル蓄音機などのハンドルを回すしぐさが注意深くとらえられているからだろう。余談だが、『快楽』で使われている自動ピアノはいわゆるロール・シリンダー式ではなく、大きな紙片が本のようにして折り畳まれてゆく形式の珍しいものだ。

8　ミシェル・シオン『映画にとって音とはなにか』（川竹英克、J・ピノン訳、勁草書房、一九九三年）には、この映画の音楽の扱いに関する詳細な分析がある。ジャン・セルヴェ演じる新聞記者はジョゼフィーヌをなだめながらピアノで『コルヌヴィルの鐘』のワルツを弾き、最後は第一部のカドリーユでしめくくる。こうして音楽面での円環構造が完成するわけである。Cf. Jean-Pierre Berthomé, *Le Plaisir. Max Ophuls*, Armand Colin, 2005, p. 62.

現実の世界に住まうこと
『冬の旅』における周縁性へのまなざし

東 志保

ヴァルダのフィルモグラフィーのなかの『冬の旅』

アニエス・ヴァルダの映画には、絶え間無い移動というモチーフが頻繁に登場する。『冬の旅』（一九八五）のモナの放浪の旅は、『ラ・ポワント・クールト』（一九五五）のカップルの延々と続く歩行、『5時から7時までのクレオ』（一九六二）のクレオのパリの「遊歩」[1]の延長線上にあると考えられる。そして、被写体としての、この登場人物たちの歩みは、撮影者であるヴァルダの移動の経験と呼応するものである。その例として、初期の短編作品、『オペラ・ムッフ』（一九五八）の、ムフタール通りを散策する撮影者の存在が強く感じられる主観的な描写、後期の『落穂拾い』（二〇〇〇）、『アニエス・ヴァルダのあちこち』（二〇一一）、『顔たち、ところどころ』（二〇一七）の、旅をする撮影者の視点に沿った作品構成が挙げられる。このような、ヴァルダのフィルモグラフィーにおける移動の系譜は、撮影者と被写体（登場人物）の旅路の重なり合いによって構築された『冬の旅』において、ひとつの到達点を迎えたといえよう。[2]というのも、『冬の旅』の構想は、ヴァルダのフランス南西部への旅によって形作られたからである。[3]当時、社会現象となった、若者の新しい貧困に関心を寄せたヴァルダは、フランス南西部の都市と村落を数ヶ月にわたって訪れ、ロケハンとフィールドワークを行なった。その過程で多くの放浪者と出会い、特にヒッチハイカーの女性セティナの存在に触発され、企画が練り上げられることになったのである。[4]このような、現実の人々との接触が織り込まれた映画制作は、『ラ・ポワント・クールト』以来、ヴァルダが得意としてきた方法であるが、『冬の旅』は、それが最もフィクショナルな形に昇華された作品といえるだろう。『冬の旅』では、ヴァルダが映画制作の途上で知り合った現実の人々の存在は、あるひとりの女性にまつわる、フラッシュバックによる物語叙述のなかに巧みに取り入れられている。その意味で、『冬の旅』は、現実と虚構の拮抗関係を特徴とした初期作品のメソッドへの単なる回帰ではなく、それを物語叙述に発展させることで、新たな語りの方法が編み出されている映画なのである。

また、『冬の旅』は、六〇年代から八〇年代のヴァルダの映画の主題が新たな展開を迎えた作品でもある。当初、ヴァルダは、三人の放浪者（ふたりの男性とひとりの女性）を主人公として想定し撮影の準備を進めていたが、前述のセティナとの出会いにより、ひとりの女性を主人公に設定することにした。[5] その結果、放浪生活をする女性の孤独や危険が描かれることになったのである。女性であるがゆえの社会における不利益は、リプロダクティブ・ヘルス・ライツを訴えた『歌う女・歌わない女』（一九七七）を筆頭に、ヴァルダが関心を抱き続けてきた主題であるが、『冬の旅』のモナは、『歌う女・歌わない女』のポムとシュザンヌのような連帯関係とは無縁である。それまでのヴァルダの映画では、いかにマージナルな存在であっても、登場人物たちは、社会運動であれ、地域であれ、家族であれ、友人であれ、他人と何らかの関係を築いていた。特に社会運動の波のなかにあった六〇年代後半から七〇年代初頭にかけての作品――たとえば『歌う女・歌わない女』もさることながら、その二年前に制作された、女性たちによる女性たちの身体についての意見表明である『女性たちの返事』（一九七五）、ブラックパンサー党の人々の異議申し立てを捉えた『ブラックパンサーズ』（一九六八）、ヒッピーの若者たちが提示する新しい愛の形を提唱した『ライオンズ・ラブ』（一九六九）など――では、その傾向が顕著である。この文脈のなかで、モナは特異な存在である。もっとも、モナも旅の途上で様々な人と出会い交流するが、どの関わりも移ろいやすく、途切れがちで、脆弱なものである。それは、ヴァルダが丹念に取材をした、放浪者たちの複数の現実を反映させたものであると同時に、ポスト六八年の世代の不安定で孤立した生に出会うことで、ヴァルダはフェミニズムやオルタナティブな生にまつわるみずからの問題意識をアップデートしたといえるだろう。そして、この放浪者たちの孤独は、『冬の旅』以前の重要な二つの作品である『壁画・壁画たち』（一九八一）と『ドキュモントゥール』（一九八一）と共鳴し合うものである。『壁画・壁画たち』と『ドキュモントゥール』は、ロス・アンジェルスの二つの側面（『壁画・壁画たち』では、人々は表現し語るのに対して、『ドキュモントゥール』では、語り得ない影の部分を描く[6]）を描いた「双子の作品」[7]であり、両作品とも、人々の生の儚さや孤独を扱っている。たとえば『壁画・壁画たち』で、壁画を介して語られる、ヒスパニック系住民たちの貧困や脆弱な生のあり方や、『ドキュモントゥール』で劇中に挿入される路上生活者のショットは、『冬の旅』のモナに繋がるものである。更に、『ドキュモントゥール』では、異郷に生きる主人公エミリーの寄る辺なさは、エミリーの表情や仕草、台詞だけでなく、彼女の視線の先にある、現実のロス・アンジェルスの人々（前述の路上生活者を含む）の存在によって強調されている。このような、現実と虚構の交差や、見るものと見られるものを行き来するような語りは、『冬の旅』の土台を形成するものである。つまり、『冬の旅』は、一九七〇年代末から一九八〇年代初頭にかけての、ヴァルダのロス・アンジェルス滞在時代のドキュメンタリーとフィクションにおける実験を、長編の物語映画として継承した作品なのである。

モナをめぐる一八人の証言：現実と虚構の交差

もちろん、『壁画・壁画たち』と『ドキュモントゥール』との関係を指摘するまでもなく、多くの先行研究が示しているように[8]、現実と虚構の交差は『冬の旅』の重要な特徴である。映画の冒頭は、それを如実に表している。物語は、村人が若い女性の死体を発見する場面から始まる。地元の警察の調査によって、それが自然死であると断定されるところまで、外面的な描写を中心に映画は進んでいくが、そこにヴァルダ本人による、以下のナレーションが挿入される。

引き取り手は誰もおらず、遺体は壕から集団墓地に移された。この自然死による死は何の痕跡も残さなかった。彼女を幼い頃から知る人で、彼女のことを覚えている人は誰かいるかと私は自問したが、彼女が最近出会った人々はまだ彼女のことを覚えていた。この証言によって、私は彼女の最後の冬の最後の数週間を語れることになった。彼女は彼らに強い印象を与えた。彼らは彼女の死を知ることなしに語った。彼女の死を伝えることも、彼女がモナ・ベルジュロンという名前であったことを伝えることも、どちらも必要がないように思われた。私自身、彼女のことをあまり知らない。けれども、彼女は海からやってきたように思える。

このボイスオーバーによる語りに、モナと思われる女性が裸で海から現れるロング・ショットが続くことで、物語の要素が強調される。以後、モナが出会った人々の証言はフィクションであることが理解されるのである。しかし、これらの証言は、フィクションであると同時に、語り手の現実が織り込まれているものでもある。というのも、ヴァルダは、モナをめぐる証言は、その証言の語り手についてのドキュメンタリーを準備しているかのように彼らの行動を観察した上で考案されたものだと述べているからである。[9] このような現実と虚構の重なり合いは、まず撮影する地域を一定の期間散索し、その地域の人々を知ってから映画の登場人物を構想するというヴァルダの作業工程[10]を反映させたものである。それゆえ、クライマックスに登場する、クルノンテラル村のパヤス祭のシークエンスは、劇的であると同時に民俗学的な映像といえる。[11] この祭は、モナが凍死へと至る原因を作るという点で物語上重要な役割を担っているとともに、ヴァルダが撮影地として選び、散索した、フランス南西部のオクシタニー地域圏の固有性や土着性を表現するものでもある。その意味で、このシークエンスは、やはりオクシタニー地域圏に属する町セートを舞台にした『ラ・ポワント・クールト』のサン・ルイ祭の描写を想起させるが、『ラ・ポワント・クールト』では、主人公たちはサン・ルイ祭を見物するだけであるのに対して、『冬の旅』では、モナは祭に強制的に参加させられることになる。つまり、『ラ・ポワント・クールト』では、現実と虚構は並列的に共存しているのに対して、『冬の旅』では、現実と虚構は混合的に共存しているのである。このような、現実と虚構の混ざり合いは、キャスティングにもみられる。『冬の旅』では、モナを演じたサンドリーヌ・ボネール、プラタナスの病気の専門家であるランディエ役のマーシャ・メリル、メイドのヨランド役のヨランド・モローなど、プロフェッショナルの俳優が多く登場するが、その俳優たちと同じくらい重要な役割を担っているのが、ヴァルダがロケハンの最中に知り合った現地の人々である。このような、プロフェッショナルの俳優と市井の人々の混在は、やはり『ラ・ポワント・クールト』と通じ合うものであるが、『冬の旅』では、プロフェッショナルとアマチュアの区分がより曖昧なものになっている。『ラ・ポワント・クールト』では、シルヴィア・モンフォールとフィリップ・ノワレが演じたカップルは、パリから来たよそ者として、漁村の人々とは異なる存在感を示していたが、『冬の旅』では、フランス南西部の人々は、俳優によって演じられたランディエやヨランドと同様に、各々がモナとの関わりを語るのだ。このように、『冬の旅』の大枠を形成する、ボイスオーバーとフラッシュバック、プロフェッショナルの俳優の起用という物語映画の話法は、フランス南西部の現実の人々と環境に出会い、ぶつかり合い、混ざり合うことで、現実と虚構の境界が識別不可能になるような語りに転化するのである。

　そして、この語りの構成要素となっている、登場人物の証言のあり方については、フェミニズムの立場から映画を分析する際に、重要な問題提起を孕むものとして議論されてきた。たとえば、スーザン・ヘイワードは、モナは一八人の証言によって語られるが、各々がみずからの欲望の形象としてモナを認識するのであり、結果的に、モナはいかなる視点からも捉えられないと指摘している。[12] モナの社会的かつ性的な生産の拒絶は、女性についての支配的なイメージを消し去るもので、ヴァルダによる冒頭のナレーションで、モナの遺体が「何の痕跡も残さない」と告げられるように、モナは痕跡を残さない。[13] このような「固定的なアイデンティティからの独立は、モナの他者性を主張するものであり、男性のフェティッシュ化からの自立は、モナの差異――第二の性ではなく、真正としての女性――を認識することを義務付けるもの」[14] である。その顕著な例がジャン＝ピエールの回想である。ジャン＝ピエールがモナと初めて出会った時は、モナは観察される対象であり、ジャン＝ピエールは、モナの風で乱れた長い髪にある種の女性性を見出すが、次にジャン＝ピエールがモナを偶然見かけた際は、今度は彼が観察される側となる。[15] ドラッグでハイになったモナに恐れを抱いて電話ボックスに入ったジャン＝ピエールの周囲を、彼の存在そのものをすっかり忘れたモナが歩き回るのである。[16] このような、コントロール不可能な、把握できないものとしてのモナの描写は、フラッシュバックとして語られる登場人物の証言の多くが、フラッシュフォワードを伴ったり、別のエピソードの人物のフラッシュバックが突然挿入されることで、断片化されていることとも関係している。[17] フラッシュバックが断片化されることで、『冬の旅』では、古典的な物語映画にみられるような連続的で統一的な女性像は構築されることはないのである。

このことに関連して、サンディ・フリッターマン＝ルイスは、単線的な因果関係を一連の「状況」へと断片化する、エピソード的に連なる物語叙述は、ジャン＝リュック・ゴダールの『女と男のいる舗道』（一九六二）や『恋人のいる時間』（一九六四）を、また、登場人物の証言の一部が延期されることで時間が拡張するような複雑な時間構造は、アラン・レネの『去年マリエンバートで』（一九六一）を想起させると指摘し、[18]『冬の旅』の部分的な視点の連続は伝統的な映画鑑賞を脱構築すると論じている。[19] それぞれの証言のうちに特権的な視点を設定しないことで、モナは永続的な変動性のもとで捉えられる。[20] そのことで、観客の視線は、欲望の対象として構築される女性の登場人物に作用するのではなく、イメージとその相互関係に作用するのである。[21] そして、以上のような、ヘイワードやフリッターマン＝ルイスの議論を踏まえながら、アリソン・スミスは、モナがいかなる視線――モナを性的な対象として捉える「男性」のまなざしであれ、モナをみずからの期待や欲求を投影する鏡として捉える「女性」のまなざしであれ――からも逃れ出ることを強調し、モナの全体像が決して構築されないという点において、作家が提示するものとは異なる結末を観客が想像する余地が残されると分析している。[22] このような作品のあり方は、ヴァルダ自身が以下に述べているように、あえてモナを把握しうる存在として構想しなかったことの反映でもある。

ある日、私はこれ以上は苦しまないと決意し、パズルの完成は不可能であることを受け入れました。（中略）『冬の旅』は、この不安から確信への変化の上に築き上げられました。モナが通り過ぎるのを見た人々が彼女について話します。それぞれが、モナのパズルのようなポートレイトに、断片を持ち込むのです。それぞれが少ししか知らず、ひとつの視点しか表現しません。脚本家である私は、何でも知っているマダムではありません。

私は人から人への関係にモナを繋ぎ留めました。彼女は私から逃れ、私は彼女を捉えることはできません。興味深いことに、saisir という言葉は、捉えることと理解することを指し示しています。私はモナという野生の鳥を捕らえることも理解することも選びませんでした。[23]

もともと、映画には「捉えること（A saisir）」という題名がつけられていたことを考えると、[24]「捉えること／理解すること」の困難さが『冬の旅』の重要な主題であることがわかる。登場人物だけでなく、観客にとっても、作家にとっても、モナは他者であり続けるのである。その他者性を表現するモチーフのひとつが、モナの匂いである。モナに共感と親愛の情を示しながら、観察の対象として一定の距離を取るランディエが、入浴中にモナとの交流を電話で語る場面がその典型例である。ここで、ランディエは、まずモナの匂いに驚かされたと語っているが、モナの話をしながら入浴することで、まるでその匂いを消し去ろうとしているかのようにみえる。[25] そして、ランディエの助手であるジャン＝ピエールの妻、エリアーヌも入浴後に登場し、モナとの対比のうちに、その美しさがジャン＝ピエールによって讃えられていることを考えると、ジェンダーの区別なく、清潔さを第一とする近代社会のなかで、モナが排除されていることがわかる。[26] たとえば、ランディエとモナがカフェで話している場面で、ランディエの手指の爪が赤いマニキュアで塗られているのに対して、モナの爪は汚れていることを見せるショットも対比的である。[27] ジャン＝ピエールがエリアーヌの足の爪を赤いマニキュアで塗っていることからも、ランディエとエリアーヌは、モナに対する態度は全く異なりながら、同じ世界のなかで生きていることが提示されている。だからこそ、モナは移民労働者のアスーンに共感を寄せるのだ。アスーンが働くワイン畑の所有者の妻が、アスーンについて「優しくて働き者だけど汚い」と言う時、モナは複雑な表情を見せる。このようにヴァルダは、モナを通して、女性の問題のみならず、マージナルな状況に置かれている移民労働者や路上生活者の問題を浮き彫りにするのである。

それと同時に、モナは時空を超えた美しさを身にまとう人物としても描かれる。たとえば、前述の冒頭のナレーションにあるように、モナは海から現れたと語られるが、ロング・ショットで捉えられる、モナと思しき女性の裸体は、野生的な美を表現するとともに、泡から生まれ、裸体で島に到来したアフロディーテの神話を想起させる。[28] ここで、モナは、ランディエやエリアーヌの現代的に飼いならされた清潔さによる美とは別のものを体現していることが示唆される。しかし、このモナのある種の崇高性は、現実の惨めさと表裏一体のものである。ヴァルダは、モナのブーツが徐々に擦り切れていく様子を描いている。モナはブーツを修理しながら放浪を続けるが、最後には、めくれたブーツの足首から上を引きずりながら歩いていくことになるのである。ヴァルダはこの靴のありようを、中世のクラコー（先が極度に長く尖った靴）になぞらえている。[29] 中世に流行した靴への連想によって、延々と続く歩行で擦り切れたブーツにひとつの美の形を見出しているのだが、これは、ヴァルダが『落穂拾い』で発展させていく視点である。『落穂拾い』で、ヴァルダは、捨てられているも

『落穂拾い』
© ciné tamaris 2000

のや壊れているものを拾い集めて再利用するだけでなく、その行為や、廃棄物そのものに美を見出している。たとえば、『落穂拾い』では、落ちているものを拾い集める人々の姿は、ミレーの《落穂拾い》をはじめとする絵画表現へと接続され、ヴァルダの自宅の天井の雨漏りの染みは、映像上で額縁に入れられることで作品へと変化するのである。それと同様に、『百一夜』（一九九五）では、食料を求めてムッシュー・シネマのもとを訪ねるモナは、ムッシュー・シネマの魔法によって、ジャンヌ・ダルクという国民的英雄に、そして、おとぎ話のなかのお姫様に変身する。飢餓、貧困、孤独といった現実の悲惨は、映画の魔法によって、美へと反転するのである。ここにも現実と虚構の交差をみることができるだろう。ヴァルダは『冬の旅』で、物語映画の形式を借用して、現実の社会から排除されているものの美しさを表現しようとした。そして、それは、ヴァルダのフィルモグラフィーを貫く重要な主題となるのである。

移動と居住の共存

以上のように、ヴァルダはモナの汚さのなかにある美を見逃さなかったが、それは、現代社会に対する違和感の表明であることを忘れてはいけないだろう。映画の源泉は現代でも凍死する人々がいるという問題意識なのだ。[30] 現実の放浪者たちの生活を取材したヴァルダは、以下のように述べている。

路上をさすらう人々は、キャンプをしているのでも観光をしているのでもありません。歩くのに適した靴は履いておらず、スイス製のナイフではなく台所用のナイフを持ち、身支度は整っていない。自然のただなかで生活していますが、それについて言及することはありません。美しい風景も日没も話題には上りません。更に、ほとんどの放浪者は、現実から離れ、退屈しています。言うならば、彼らはこの倦怠の内側にいて、そこを快適に感じているのです。サンドリーヌは（放浪生活を教えたセティナとの）会話半分、沈黙半分の二日間で、それを発見しました。路上をさすらうということは、生き残るということを除けば、ほぼ何もしないこと、そして、何かを使う技量を磨くということです。[31]

つまり、ヴァルダは、モナの壊れたブーツに、中世に流行した靴を連想するのと同時に、放浪者たちの現実の装備の貧しさを反映させている。モナは素手でサーディンを食べ、硬くなったバゲットを壁に打ち付けて半分に割って食べる。ロード・ムービーの主人公たちと同様に、モナは自由を希求し、自由を満喫するが、映画の序盤、モナがカフェに入るシーンで、青年から「僕とサンドイッチ、どっちを見ている？」と聞かれ、「サンドイッチかな」と答えたように、生き残ることが喫緊の課題なのである。その意味で、『冬の旅』はノマド礼賛の映画ではない。映画では、モナの何もしない、何にもとらわれない自由が描かれるとともに、献血と引き換えの食事や、森の中においてひとりで女性が過ごすという状況に付け入るレイプなど、持たざる者が否応なく追い込まれる状況も描かれる。[32] また、映画のなかで、モナはただ移動しているだけではない。ヴァルダは、モナが（一時的にしろ）居住する姿を描くことを忘れなかった。その象徴が、テントと寝袋である。映画の終盤、不法滞在《スクワッティング》していた空き家での火事によって、冬の旅の命綱であったテントと寝袋を失ったことで、モナは凍死することになる。寒さをしのげる住処と手段がなくなったことで旅は終わりを告げるのだ。その意味で、『冬の旅』は、移動することを居住することに対立させる映画ではない。たとえば、モナがランディエに空き家の管理人になることの夢を語る際、「こんなに家があるのだから」というセリフに重なって、移動撮影によって家が立ち並ぶ風景が映される。映画のなかで何度も登場する移動撮影は、長い歩行の旅を続けるモナのメタファーとしての役割を果たしていること[33]を考えると、このシーンでは、一般的に不動の形象である家は流動的な視点のもとに捉えられていることがわかる。つまり、移動することと居住することの共存が表されているのである。

このような、移動と居住が共存する世界観は、ヴァルダの他の映画のなかでも表現されている。例えば、『オペラ・ムッフ』では、女性がアパルトマンの中庭にて裸でベッドに横たわっているショットに象徴されるように、ムフタール通りの通行人は、アパルトマンの室内で過ごす恋人たちと並列的に映される。また、『ドキュモントゥール』では、主人公エミリーの、ゴミ捨て場からソファを拾ってくる行為に象徴されるように、転居先の室内は外界と繋がり、ロス・アンジェルスの社会を形作る移民の移動の経験と呼応するのである。このような、移動と居住の共存、外部と内部の通底関係は、二〇〇〇年代以降の作品では、ヴァルダ自身の経験として提示されることになる。というのも、ヴァルダの旅の出発点は、常にダゲール街の自宅なのである。『落穂拾い』は、愛猫がヴァルダの自宅のパソコンのモニターとともに登場することで始まり、『アニエス・ヴァルダのあちこち』の各エピソードは、自宅の庭に植えた木の成長によって時の経過を表現するシーンから始まり、『顔たち、ところどころ』の冒頭の場面には、自宅のダイニングテーブルでJRと旅の計画をするシーンがある。特に『落穂拾い』では、家の内部と外部（地方の田園風景やパリの路上の風景）は往還関係にある。捨てられた物を拾い集める人々に触発されたヴァルダは、ハート型の規格外のジャガイモや針のない時計を持ち帰り、それをひとつのアートとして表現するのである。そして、このような、内部と外部との繋がりは、インスタレーション、《占拠された部屋、スクワッターの言葉》（二〇一二）にて強調されることになる。このインスタレーションでは、ジャック・ドゥミの『都会のひと部屋』（一九八二）の舞台を想起させる、パサージュ・ポムレーのテレビ販売店に陳列されたテレビ受像機に、パサージュの通行人や上海の買い物客、そしてFrance3のテレビ番組が映され、壁には『都会のひと部屋』が投影されている。この販売店の階上は、スクワッターたちの部屋となっており、ベッド、フライパン、食料など彼らの生活が感じられる空間のなかに設置された三つのテレビ受像機で、スクワッターたちが自らの経験を語るのである。販売店は、テレビ受像機に映される映像によって外界へと開かれ、壁上に投影されるドゥミの映画のイメージによって物語の世界へと開かれると同時に、スクワッターたちの部屋と近接することによって、一般的なメディア空間のなかで周縁に追いやられている人々の生や言葉へも開かれるのである。[34]

このインスタレーションや『落穂拾い』の例にみられるように、『冬の旅』以来、ヴァルダは路上の人々の生に関心を持ち続けていた。[35]その意味で『冬の旅』は後期のヴァルダの映画の主題を開拓したといえる。たとえば、生物学の修士号を持ちながら、市場で捨てられている物を食べ、移民たちにフランス語を教える『落穂拾い』に登場する青年は、モナと元哲学教師の山羊飼いの男性を同時に連想させる。また、『冬の旅』の山羊の群れは、『顔たち、ところどころ』で、山羊の角を取らず、野生を尊重しようとする山羊飼いの女性の肖像へと繋がっていくのである。ところで、山羊は『冬の旅』の数年前に作られた短編映画、『ユリシーズ』（一九八二）でも重要な役割を担っている。『ユリシーズ』は、ヴァルダが一九五四年に撮影した、砂利浜に横たわる山羊の死骸とふたりの親子を同じフレーム内にとらえた写真を出発点に当時の状況が想起されるという内容で、『冬の旅』の、モナの死体の発見によって映画が始まるという構造と類似する語りが展開されている。[36]このことを考えると、山羊はヴァルダの初期の写真作品から継承されるモチーフであると同時に、無名のものの死をめぐる不可解な現実を受け止め、その謎の只中で表現を模索するというヴァルダの映像制作のあり方を象徴するものといえるだろう。このことは、コリンヌ・モウリーが言うところの「現実の映画（cinéma du réel）」の「世界に住まう」というあり方に繫がると考えられる。[37] 現実のコピーを組織化しようとする、一般的な意味における「ドキュメンタリー映画」が撮影者と被写体の分離を前提としているのに対して、現実を生き、感じ、（現実の）影響を受ける「現実の映画」の作家たちの映画では、「私―主体」と「対象―世界」の二分法は「私―世界」や「世界に絶え間なく存在する私」によって置き換えられる。[38]「現実の映画」の作家たちは、現実を証明し複製しようとはせず、現実を「我が物とし」、独自の芸術的形態によって、現実を映画的なまなざしに再現しようとすることで「現実に住まう」のである。[39] このような観点から考えると、『冬の旅』はヴァルダのフィルモグラフィーのなかで、物語映画の形式を最も強く感じさせる映画であるものの、ヴァルダは現実の世界に潜り込み、「住まう」ことで、主体と客体、現実と虚構、内部と外部の往還関係を表現したといえる。『アニエスの浜辺』（二〇〇八）で、シネ＝タマリスのオフィスが路上に設置されることで記憶の海へと接続されたように、ヴァルダのダゲール街の家は、常に外の世界へ、現実に生きる無名の人々や事物へと開かれているのだ。

註

1　Suzanne Liandrat-Guigues, *Modernes flâneries du Cinéma*, De l'incidence, 2009, pp. 45–55.

2　実際、ヴァルダは、『おお季節よ、おお城よ』（一九五七）のロケハン中の自身の姿を捉えた写真をブーツ姿で旅するモナの身なりと重ね合わせることで、放浪者への共感を示している。（Agnès Varda, *Varda par Agnès*, Cahiers du Cinéma, 1994, p. 74.）また、ケリー・コンウェイは、一九九二年のラジオ・フランスでのヴァルダへのインタビューを参照し、ガール地方で若い男性の凍死体が発見されたことを警察から聞いたことも着想のひとつとなったことを明らかにしている。（Kelley Conway, *Agnès Varda*, University of Illinois Press, 2015, p. 64.）

3　Varda, op. cit., p. 166.

4　セティナは、スクワッティングのシークエンスに出演し、駅で自らの生い立ちを語るという重要な役を演じている。

5　Ibid., p. 168.

6　ヴァルダ監修のDVDARTである、ヴァルダの全作品が収められたＤＶＤボックス、*Tout(e) Varda* の *Mur Murs / Documenteur* に収録されている特典映像、« Agnès Varda et Emmanuelle Loyer parlent des deux films » で、ヴァルダはこのことを述べている。また、一九九四年の著書のなかで、「この映画は『壁画・壁画たち』の影である。太陽のない、驚きのないロス・アンジェルスである。まるでどこでもない場所のように。それは亡命である。ドキュメンタリー？いや、ドキュメントゥールである」とも記述している。（Ibid., p. 150.）

7　Roselyne Quénéner, « *Mur murs et Documenteur* : impressions recto verso signées Varda », dans Antony Fiant, Roxane Hamery et Éric Thouvenel (dir.), *Agnès Varda : le cinéma et au-delà*, Presses Universitaires de Rennes, 2009, p.113.

8　たとえば、以下の研究が挙げられる。Daniel Serceau, « Les synthèses d'Agnès Varda (*Sans toit ni loi*) », dans *Agnès Varda : le cinéma et au-delà*, op. cit. また、René Prédal も、『冬の旅』の現実と虚構の関係について、多くのページを割いている。René Prédal, *Sans toit ni loi d'Agnès Varda*, Atlande, 2003, pp. 68-77, pp. 87-91. ヴァルダ自身もインタビューのなかで、自身の映画の特徴である現実と虚構の交錯について『冬の旅』を引き合いに出して、以下のように述べている。「フィクション映画である『冬の旅』では、主人公の「モナ」が通り過ぎるのを見た人々による目撃証言は、完全に書かれたものです。単に、私は「本物の人々」によって、その目撃証言を語らせ、演じさせたのです。（中略）彼らと彼らの仕事場、そこにある道具、彼らの習慣は、登場人物に真実を取り戻させたのです。そして私はドキュメンタリーを作るのが好きです」« Au détour du miroir, entretien avec Agnès Varda », dans Laurent Brunet, *Lisières 13*, « Agnès Varda », 2001, pp. 18–19.

9 Varda, op. cit., p.158.

10 Conway, op. cit., pp. 65–66.

11 Prédal, op. cit.

12 Susan Hayward, "Beyond the gaze and the into femme-filmécriture: Agnès Varda's Sans toi ni loi" in Susan Hayward and Ginette Vincindeau (eds.), French Films: texts and contexts, Second Edition, Routledge, 2000, p. 270.

13 Ibid.

14 Ibid.

15 Ibid., p. 271.

16 Ibid.

17 Ibid., p. 273.

18 Sandy Flitterman-Lewis, *To Desire Differently: Feminism and the French Cinema*, Columbia University Press, 1996, pp. 298–299.

19 Ibid., pp. 308–309.

20 Ibid., p. 309.

21 Ibid., p. 313.

22 Alison Smith, *Agnès Varda*, Manchester University Press, 1998, p. 120, pp. 131–133.

23 Varda, op. cit., p. 159.

24 Ibid., p. 164.

25　もっとも、このようなランディエの態度は、後にランディエがやはり入浴後に脱衣所で感電することで変化する。ランディエは感電をきっかけにモナを思い出し、彼女を暗い森の前で車から降ろしたことを悔悟する。ランディエは、感電によるショック体験によって、森でレイプされたモナの痛みへと接続されるのである。
26　Hayward, op. cit., p. 271.
27　*Tout(e) Varda* の *Sans toit ni loi / Les glaneurs et la glaneuse* のＤＶＤの特典映像 « Sans toit ni loi, souvenirs, entretiens, notes et commentaires, 18 ans après la sortie du film » のなかのインタビューで、ヴァルダは「汚さというのがメインの主題です。モナが拒絶されるのは、彼女が汚いからです。私たちの社会では、貧困より不潔さを拒絶します」と述べている。
28　Hayward, op. cit., p. 274.
29　前出の特典映像、« Sans toit ni loi, souvenirs, entretiens, notes et commentaires, 18 ans après la sortie du film » にて、ヴァルダはブーツが擦り切れていく様子を描くために、同じブーツを三足使って撮影したと語っている。
30　Conway, op. cit., p. 64.
31　Varda, op. cit., p. 168.
32　Ibid., p. 166, p. 175.
33　Ibid., p. 174. ここで、ヴァルダは移動撮影について以下のように記述している。「彼女は長い間歩いていおり、その歩みの間に人々と出会うという印象を与える必要がありました。この徒歩の孤独を表象する方法を見つける必要がありました」また、映画のなかでは一二の移動撮影のシークエンスがあるが、全て右から左への移動（洋文の左から右へ読む習慣の逆）であることについて、「流れに逆らう、この若い女性と付き添うため」であるとも述べている。
34　Ouest-France のインタビューにて、ヴァルダは強制退去寸前のスクワッターたちを撮影したことを語り、それをインスタレーションに取り入れることで、「一種の仲介者」として、彼らの声を届けようとしたと述べている。Isabelle

Labarre, « Nantes. L'autre chambre en ville d'Agnès Varda », *Ouest-France*, publié le 22/06/2012 à 21h06 https://www.ouest-france.fr/pays-de-la-loire/nantes-44000/lautre-chambre-en-ville-dagnes-varda-1374602（最終閲覧：二〇二一年五月三一日）

35　Conway, op. cit., p. 7.《占拠された部屋、スクワッターの言葉》に関わるエピソードとして、コンウェイは、モントリオール滞在中のヴァルダが、窓からホームレスの人々を長い間観察し、「彼らがどのように生きているのか想像する」と述べたことを紹介している。

36　David Vassé, « *Sans toit ni loi*. Un film trouvé dans le fossé », dans *Agnès Varda : le cinéma et au-delà*, op. cit., p. 39.

37　Corrine Maury, Habiter le monde : Éloge du poétique dans le cinéma du réel, Yellow Now, 2011. この本では「現実の映画」の例として、シャンタル・アケルマン、河瀬直美、ジャン＝ダニエル・ポレ、アルノー・デ・パリエールの作品などが論じられている。

38　Ibid., p. 10.

39　Ibid., p. 11.

やわらかな革命者が『歌う女・歌わない女』で奏でる音色

児玉美月

二〇二一年四月五日、フランスで「三四三人のマニフェスト」が発表されてからちょうど五〇年を迎えた。これは当時違法だった人工中絶を経験したフランスの著名人ら三四三名が中絶と避妊の自由を要求した共同声明で、一九七一年四月五日に『ヌーヴェル・オプセルヴァトゥール』誌に掲載された。「人は女に生まれない、女になるのだ」の著名な一節を含む『第二の性』（一九四九）の著者として知られる哲学者シモーヌ・ドゥ・ボーヴォワールが声明文を書き、俳優のカトリーヌ・ドヌーヴやジャンヌ・モロー、作家のマルグリット・デュラスらが名を連ねた。アニエス・ヴァルダもこれに署名しており、映画製作の傍らフェミニストとしての活動にも力を入れていた。[1] そんな彼女の『歌う女・歌わない女』[2]（一九七七）は、明示的にフェミニズムのイシューを扱ったメインストリームにおける初めてのフランス映画だと言われている。

女性による女性像

映画の開巻、女性たちのポートレート写真が飾られた写真屋を一七歳のポリーヌが訪れる。『歌う女・歌わない女』は映画作家になるよりも早く写真家であったアニエス・ヴァルダの経歴が窺えるこのプロローグから開始される。実際にはヴァルダによって撮影されたそのポートレート写真は、映画では妻子のいる写真家の男性ジェロームによって撮影された設定になっている。ポリーヌはその女性たちの表情に悲しみを見出すが、写真を撮ったジェローム自身はまったく解せない様子のまま、女性たちがポーズを取るのに疲れたところを撮るのだと続けて語る。ヴァルダも「セーヌ左岸派」としてその一員であったヌーヴェル・ヴァーグが生んだ女性像が概ね男性たちによる紋切り型で性差別に基づいたものだったことを回顧するまでもなく、「映画の中のヨーロッパ女性の大部分は、よかれあしかれ監督の創造物であり、監督の大半は男性だった」[3]というフェミニスト映画評論家モリー・ハスケルの一文をさらに繰り返すまでもなく、女性を表象した自作で悦に入る男性芸術家に対して当事者である女性が疑念と不満を覚えるこの構図に男性中心的な映画史への批判性を見出すのは容易いだろう。よってジェロームによるポートレートに対し毅然とした態度を取るポリーヌは、女性による女性の映画にこそ生きる主体的な女性の登場人物たりえるのである。[4]

ポートレート写真の中には、ポリーヌのかつての隣人であり二二歳の主婦シュザンヌの姿も並ぶ。シュザンヌは妻子のいるジェロームの子を産んだのだった。そうして久方ぶりにシュザンヌと再会したポリーヌは、すでに二人いるうえ三人目まで孕んだシュザンヌにもう限界だと泣きつかれる。所属する合唱団で遠征があると口実を設けて親から二〇〇フランをせしめたポリーヌは、シュザンヌがスイスで中絶できるよう力添えする。当時は安全に中絶手術を受けるためにはスイスやイギリスへ行くしかなかった。しかしその直後ジェロームが自死し、シュザンヌは傷心のまま実家に帰り二人は離れ離れとなる。

ボビニー裁判

ポリーヌとシュザンヌを再び引き合わせたのはそれから一〇年後、一九七二年に行われたボビニー裁判である。高校生マリ＝クレールが強制性交の被害に遭い、一六歳で妊娠及び中絶したため、本人と母親らを国が訴えたこの裁判は、当時のフェミニズム運動に多大な影響を及ぼした。この裁判を詳細に記録した書物『妊娠中絶裁判――マリ＝クレール事件の記録』の序文においてボーヴォワールは、フランスでは毎年一〇〇万人近くの女性が妊娠中絶を行っているのであり、合法化はつまり子供一〇〇万人の誕生を妨げるのではなく無用な苦しみから彼女たちを解放するということであると述べている。[5]ポリーヌがシュザンヌの中絶のために学校で情報収集に奔走する場面でも、その実いかに中絶が公然化されていたかが窺えよう。『歌う女・歌わない女』においておそらく最もドキュメント性が顕現するボビニー裁判の場面では、当時実際に裁判の弁護士を務めたジゼル・アリミが本人役で登場している。二〇二〇年七月二八日に九三歳で生涯を閉じたアリミは、ヴァルダも参加した「三四三人のマニフェスト」に弁護士で唯一署名した人物であった。一九六七年フランスのアルザス地方に位置する家政学校を舞台にした最新のフェミニズム映画『5月の花嫁学校』（マルタン・プロヴォ監督、二〇二〇）におけるミュージカル場面でも、主演のジュリエット・ビノシュがアリミの名を叫んでおり、彼女の功績が今尚いかに語り継がれ続けているかを物語っている。アリミが少女の無罪を獲得したボビニー裁判と周辺のフェミニズム活動の貢献によって、ようやく一九七四年に国会で中絶の合法化が可決され、一九七五年に発布された。これがいわゆるヴェイユ法である。人工妊娠中絶には合法的に人工妊娠中絶できる事由を限定した型である「適応規制型」と妊娠初期一定期間内の人工妊娠中絶を理由を問わず合法化する型である「期限規制型」があるが、フランスはこの「期限規制型」にあたる。[6] アリミはボーヴォワールと団体「女性の主義主張を選ぶ」を立ち上げ、MLF（女性解放運動）による最初の大規模なデモのスローガン「子供は私が望むなら、望むときに」は七〇年代フェミニズムの象徴となった。[7]

ポリーヌは大勢が押し寄せる裁判所前で高らかに「産む産まないは私の自由」と歌い上げてみせるが、このスローガンに流れる思想はまさにヴァルダ自身が詞を書いた『歌う女・歌わない女』の数々の楽曲が謳う思想と共鳴するものである。

「百合」／友情

家族計画センターで働き始めていたシュザンヌと、イラン人男性ダリウスと交際しながら歌手活動を続けているポリーヌは、有り余る近況報告も交わせぬまま再会して早々に別れる。二人は離れていた一〇年間の月日を思い、お互いの存在を恋しがる。閉鎖的で鬱屈とした生活を送るシュザンヌはポリーヌを心の拠り所にし、ポリーヌはダリウスが嫉妬するほど「シュザンヌとは真面目な愛よ」[8]と言って憚らない。その後も会えない日々を通して、二人は遠距離恋愛をする恋人たちさながらに葉書のやりとりを続けてゆく。身体は離れていながらも、そこには濃密な女性同士の時間が漂っている。『歌う女・歌わない女』は女性同士の関係性を描いた映画作品を網羅的に取り扱う『「百合映画」完全ガイド』において、「百合映画」として選定されている。紹介文には「お互い異性のパートナーがおり、ふたりの間に同性愛的な関係は見えにくいため、一見百合のようには感じられないかもしれない。しかし、それぞれの手紙に書かれた文字や言葉に表れる信頼関係を感じ取れれば、そこに百合を見出すことは容易なことだと思われる」[9]とある。「百合」の概念を厳密に定義するのは不可能だが、ここでも同性愛的な関係が見えにくいと「百合」だと感じられないと関連づけられているように、一つには恋愛とも友情とも断言しきれないような限りなくその境界線が曖昧な感情を伴う女性同士の何らかの結びつきを指すと言っていいだろう。

一方ヴァルダ自身は、ポリーヌとシュザンヌを明確に友情関係として描いたという。恋愛となればお互いに触れたいと欲望するようになるが、物語では肉体的な繋がりは想定されておらず、思いやりや連帯などを包含した感情としての女性同士の友情を再評価しようとしたのである。[10]確かに女性同士と比較すると男性同士の友情は結婚や子育てなどの生活環境の変化に大きな影響を受けないため疎遠になることは少ないと見られてきた。一方、女性同士の友情関係は妻や母としての役割を果たさねばならない家族関係の下位に置かれてきたため、ポリーヌとシュザンヌがそれぞれ結婚や出産などの人生の変化を超えて維持し続ける長期的な交流には重要な意味が付帯するだろう。

マールタ・メーサーロッシュ

そんな「女性同士の友情」に光を当てた同時代の女性の映画監督として、ハンガリーのマールタ・メーサーロッシュが召喚できる。『歌う女・歌わない女』と同年にあたる一九七七年に製作された映画『彼女たち二人』*Ök ketten* は、ヴァルダと親しかったヌーヴェル・ヴァーグの同胞ジャン＝リュック・ゴダール監督作『彼女について私が知っている二、三の事柄』（一九六七）にも出演しているマリナ・ヴラディが主演した作品である。マールタはハンガリーにおいて女性の映画監督の中で最も多作であり[11]、ヴァルダと並んで当時のヨーロッパで数少ない女性の映画監督の先駆けであった。マールタはドキュメンタリー映画を数多く手掛けており、劇映画にもドキュメンタリー的な要素を混在させる手法はヴァルダの作家性と近似している。『彼女たち二人』は年齢も境遇も性格もまったく異なる女性同士の友情を描く。寄宿舎を経営する中年女性マーリアは、アルコール依存症の夫と子供のいる若い女性ジュリを住まわせてやり、人生で初めて心を許せるほどの友人であると感じていく。順風満帆な夫婦生活を送っていると思っていたマーリアはやがてジュリの存在を契機として、自らの結婚観と人生を再構築していく。妻として母親として家庭に従事することを期待される女性同士の同居は周囲から怪訝な眼差しを向けられもするが、女性二人と子供が手を繋いで歩いていくラストショットは必ずしも男性を必要としない女性の生き方を提示している。

第二五回ベルリン国際映画祭で金熊賞を受賞するなどマールタのフィルモグラフィにおいて特に評価の高い『養子縁組』*Örökbefogadás*（一九七五）でも、年の差を超えた女性同士の友情と人生の選択における主体性といった主題が共通している。主人公である四三歳の独身女性カータは妻子のいる男性と長らく不倫関係にあるが子を望んでおり、育児放棄された若い女性アンナとの交流を経て、最終的にまだ幼い養子を引き取る。『彼女たち二人』と同様にラストショットは男性不在で女性と子供だけが歩いていく様を遠景で捉えている。カメラとは逆の方へと歩いていく女性たちの姿で終わる終幕はまだここにない未来へと開かれているように見える。マールタの映画はヴァルダの映画が纏うようなやわらかな微温はなくずっと冷徹で厳しいが、『彼女たち二人』、『養子縁組』と『歌う女・歌わない女』には、男性との関係性を最上位に置くことなく、女性との関係性をより永続的で強い結びつきとして描こうとする透徹した意思が通底している。

ドゥミ映画における男性の妊娠

ポリーヌはダリウスに連れられてイランへと旅立つ。「イランに着くと私は絵葉書か短編映画のエキストラのようだった」とポリーヌのモノローグが流れるが、このポリーヌとダリウスのイラン滞在を短編映画にした『イランでの愛の悦び』(一九七六)ではイスラム建築やペルシャ細密画などの絢爛たるイラン文化が映され、そこで二人は小さな添え物のごとく愛の語り合いに興じる。しかし蜜月の時間も束の間、フランスでは自由主義者で先進的なフェミニストだったダリウスが、イランへ戻ると旧弊な価値観でポリーヌを抑圧する夫へと変貌する。場所の移動と男女の破綻が絡み合う要素はヴァルダの長編劇映画第一作『ラ・ポワント・クールト』(一九五五)にその淵源を見出せよう。名残を惜しむダリウスに別れを告げてフランスに帰国したポリーヌはシュザンヌの元で出産した

『ラ・ポワント・クールト』

のち、もう一人産んで別々に育てようとダリウスに提案する。直後に夫との別れを望むのみならず、子を分けてそれぞれに育てたいのだと懇願するポリーヌの妊娠と出産にまつわる一連の場面は、『歌う女・歌わない女』においても特にラディカルな展開のように思われる。

ヴァルダ自身は一九七二年に映画作家の夫ジャック・ドゥミの子を妊娠したが、その翌年ドゥミは妊娠そのものを主題にした映画を撮っている。それが当時私生活でも恋人同士であったカトリーヌ・ドヌーヴとマルチェロ・マストロヤンニという二人のスター俳優を迎えた『モン・パリ』（一九七三）である。『モン・パリ』はマストロヤンニ演ずるマルコが体調不良を訴えた先の病院で「妊娠」を告げられるところから物語が転がり始める。男性の妊娠はたちまち大きな話題となり、マルコはマタニティ用品の広告塔になったり、テレビの討論番組などに出演したりとメディアで一世を風靡する。映画製作時の一九七三年と言えばフランスで中絶が合法化する前だが、映画の中の女性たちは口々に男性も妊娠するようになれば好きに中絶ができるようになるはずだと話し、軽やかに中絶合法化への賛同が差し込まれてもいる。大きな反対勢力が擡頭せず男性の懐胎を人類の変化として自然に受け入れていく世界観や、ドヌーヴ演ずるイレーヌが男性妊娠によってようやく真に男女平等が達成されると主張する描写などからも、これは女性解放運動に参画していた妻ヴァルダの妊娠に触発された、ドゥミ流のフェミニズム映画と言えよう。ヴァルダもドゥミの映画への自身の影響を度々口にしていたように、ヴァルダの思想はヴァルダの映画だけに留まらず、ドゥミの映画とも合流している。

マルコの妊娠が想像妊娠に過ぎなかったことが明らかになる展開はあまりに肩透かしだが、実はフランスとは異なりイタリアでの上映時には結婚式の前に彼が出産する別の結末が用意されていた[12]。同じく男性の懐胎を主題にしたアメリカ映画『ジュニア』（イヴァン・ライトマン監督、一九九四）ではアーノルド・シュワルツェネッガー演ずる主人公が妊娠するが、終盤では彼が出産する場面まで描かれる。一方『モン・パリ』では製作段階においてマルコの出産シーンに対する拒否反応が多く見られたため、妊娠が単なる誤解である結末にせざるをえなかったという。[13] 男性の懐胎が夢まぼろしだったとなれば、女性たちにばかり負担を強いる現状の社会とは異なる社会が到来するという女性たちが期待していた可能性はそこで潰えてしまう。その意味で女性の妊娠および男女の結婚という慣習に帰着する結末は、『モン・パリ』のフェミニズム的観点における革新性を減じてしまった。実際、ドゥミ自身もイタリア版の方を気に入っていた。

しかしながら『モン・パリ』にはもう一つ興味深い側面がある。ヴァルダは長らくドゥミの死因について彼の意思を尊重するためもあり白血病で通していたが、二〇〇八年に『アニエスの浜辺』の中でエイズであったことを公表した。『モン・パリ』ではマルコが妊娠していると発覚するや否やイレーヌが真っ先に同性愛の疑いをかける場面がある。妊娠は精子によってもたらされるという前提に立てば、夫が男性と関係を持ったから妊娠したのではないかという発想に至るのは何ら不自然ではない。とはいえここでもう一つ想起されうるのは、ドゥミ自身の非異性愛的なセクシュアリティの可能性である。男性の懐胎と同性愛が関連づけられる脚本を繙いてみれば、『モン・パリ』は性と生殖に関するフェミニズム的な表明であると同時に、ドゥミ自身の同性愛的な願望をも内包しているのではないだろうか。イレーヌの美容室で働く美容師の女性は男性が妊娠すればすべてが変わるだろうと喜ぶが、その変化には例えばカップルの在り方も当然含まれるのであり、男性同士のカップルのオルタナティヴな人生にまで想像を敷衍させられる。『モン・パリ』における男性の妊娠した姿は一見するとコメディ的可笑しみを創出するための滑稽さのみが際立つが、フェミニズム的側面とクィア的側面の両義性を抱え込んでいると考えれば、そこに重層的な意味が生起してくるのである。

ヴァルダ映画における女性の妊娠

ポリーヌが妊娠した女性の身体がいかに美しいかを謳い上げるように、ヴァルダは度々妊婦のイメージを祝福する。ヴァルダがフェミニズムにとって根源的な問いとも言える「女性とは何か」を主題に掲げた短編映画

『女性たちの返事』（一九七五）でも、全裸の妊婦がカメラの前で微笑むショットがあり、妊婦を女性の一つの身体の在り方として提示している。また、断章形式で映像がコラージュされていく短編映画『オペラ・ムッフ』（一九五八）は「ある妊婦の手で撮影された覚書」というインタータイトルから開始され、漆黒の背景に裸の妊婦の輪郭が浮かび上がる。続くショットでは南瓜が真二つに切断され、南瓜の形状と妊婦の裸形が曲線のイメージで結ばれたマッチカットが遊戯的に挿入される。この『オペラ・ムッフ』の妊婦となる女性のショットはゴダールのミュージカル映画『女は女である』（一九六一）でも引用されてもいる。『女は女である』はアンナ・カリーナ演ずるキャバレーで働く踊り子アンジェラが、突然子供を欲するところから開幕する。同棲中のアンジェラの恋人エミールは乗り気でないばかりか、友人のアルフレッドや道行く男にまでアンジェラの子作りの相手役を押し付けようとする。エミールとアルフレッドがアンジェラを置いて男同士で食事に出掛ける場面において、『オペラ・ムッフ』の「恋人たち」と題された章の一糸纏わぬ姿で横たわる妊婦がテレビの画面に映されている。この引用の直前にはアンジェラがクッションを衣服の内側に入れて妊婦へと擬態した姿を鏡で眺めており、『オペラ・ムッフ』の写実的な妊娠イメージと対比されて、そのアンジェラの姿はより戯画的になる。『女は女である』は開巻でアンジェラが「出産の知識」なる書物を手に取るが、そこでは一貫して妊娠や出産の主題から肉感的な性の手触りが削ぎ落とされている。ドゥミのコミカルさやゴダールの理屈っぽさを横目に、ヴァルダにとっての妊娠イメージは独自の美学に満ちている。『オペラ・ムッフ』についてヴァルダは『アニエスによるヴァルダ』（二〇一九）の中で、「大きなお腹と漠然とある不安」について語りたかったと話している。妊娠に伴う身体的な変化は一種の神秘であり、期待であると同時に不安でもあり、抗えない恐れでもあるだろう。『創造物たち』（一九六六）では、作家である男の創作とその妻の妊娠及び出産が並行して進んでいく。泣く産児がクローズアップで映されるラストはそれまでの物語を凌駕していくような迫力がある。盤上で繰り広げられていた男性の「創造行為」よりも出産という女性の「創造行為」がより壮大な営みである印象を与える『創造物たち』は、とりわけヴァルダにとって女性の妊娠と出産がいかなるものかについて迫った作品であるように思われる。

中絶表象

ポリーヌとシュザンヌの二度の再会が中絶の挿話と共に駆動されるように、『歌う女・歌わない女』では妊娠や出産と並び、中絶が女性の人生にとって重要な出来事として扱われる。ヌーヴェル・ヴァーグの旗手クロード・シャブロルはかつて、実在した女性を主人公に、中絶を主題にした映画『主婦マリーがしたこと』(一九八八)を撮った。第一次大戦後の一九二〇年に人工妊娠中絶及び避妊の宣伝を禁止する法案が可決され、さらにドイツ占領下の四二年から四四年に中絶は国家反逆罪となり最高で死刑が科せられたフランスで[14]、主人公の主婦マリー＝ルイーズ・ジローはギロチンにかけられた。歌手になることを夢見るマリーはある日隣人の女性の中絶を手助けしたことをきっかけに、その後も非合法の堕胎を請け負い大金を稼ぎ出す。しかしその生活もそう長くは続かず、愛人と寝ていたマリーを目撃した夫が腹いせに堕胎請け負いを告発し、国は見せしめの意図で彼女を処刑した。ここではマリーや闇手術を受ける女性たちは徹底的に犠牲者として描かれる。女性の身体に関わる選択を罪と規定したのは男性権威社会において定められた法制度であり、背く女性を裁くのも懲罰を与えるのも、すべて男性だった。マリーは「歌う女」でも「歌わない女」でもなく、「歌えなかった女」だった。この映画をはじめ、中絶違法時代を背景にした映画では、当然ながら中絶は悲劇の象徴として描かれている。

フランスが舞台ではないが、次の映画もその系譜上にあると言える。第六〇回カンヌ国際映画祭でパルム・ドールを受賞したクリスティアン・ムンジウ監督による『4ヶ月、3週と2日』(二〇〇七)は、チャウシェスク政権下のルーマニアを舞台に一九八七年当時人口を増やすために禁止されていた中絶を俎上に載せる。主人公オティリアは友人ガビツァの違法の人工中絶手術を手助けするが、ガビツァの詰めが甘く予定通りに事が進まない。『4ヶ月、3週と2日』では典型的なワンシーン・ワンカットの技法が採用され、カメラはオティリアを淡々と追いかける。映画は情緒的に善悪の判断を下そうとするのではなく、冷静に社会の闇を再現しようとしているように見える。この映画において特筆すべき点は、中絶手術を受ける当の女性本人よりも友人の方がより切実に身を粉にしていることである。ポリーヌが親を騙してまでシュザンヌの中絶に手を貸したように、それは女性の個の問題が地続きに他の女性にも繋がっている切迫性に彼女たちが自覚的であるという証左に他ならないだろう。

日本では二〇二〇年に劇場公開されたセリーヌ・シアマによる『燃ゆる女の肖像』(二〇一九)は、フランスのブルターニュを舞台に一八世紀を生きた女性同士のラブロマンスが描かれる。劇中、貴族の娘エロイーズと彼女の肖像画を描くために屋敷を訪れた画家マリアンヌの二人に仕えている侍女ソフィーが望まない妊娠のため人工中絶手術を受ける。ソフィーの中絶場面では彼女の真横に無垢な笑みを浮かべた赤子が寝そべっており、彼女の右手はその赤子の小さな手とほとんど触れ合ってさえいる。時代を遡ると、「いかなる時代においてもまれに見るフェミニスト映画」[15]と称されるロシアの古典映画『ベッドとソファ』(アブラム・ローム監督、一九二七)にこれと類似した描写が認められる。『ベッドとソファ』は中絶について驚くほど冷静に捉えており、女性が中絶クリニックを訪れる場面に仰々しさや思い入れはいっさいなく、歯医者に行くのと変わらないかそれ以上に淡々とした調子で描かれていると評される[16]。『ベッドとソファ』では夫婦の住む家に夫ニコライの友人男性ウラジーミルが居候し始め、やがて妻リュドミーラとウラジーミルが恋愛関係に陥り三角関係へと発展する。終盤の展開ではリュドミーラがウラジーミルの子を孕んでいると発覚し、リュドミーラは直ちに中絶を決意する。しかしリュドミーラは中絶クリニックの待ち時間に偶然近くにいた赤子を見て、中絶を思い直すのである。赤子を見た女性がそれでも中絶をしようとすれば、その女性は「母性」がないと見做され、

「女性失格」の烙印を押されてしまう。確かに中絶の扱われ方そのものや夫と愛人の男性を置き去りに一人の女性が旅立つ結末におけるフェミニズム的側面は否定できないが、一方で中絶に対する唐突な心変わりは安易な「母性信仰」に依拠してしまっているとも捉えられる。『ベッドとソファ』や『燃ゆる女の肖像』のように、中絶をする女性の傍らに赤子を置く演出が彼女たちの「母性」との関わりを示すために採用されたのは想像に難くない。しかし両作において決定的に異なるのは、ソフィーがそれでも中絶を遂行し、主体的に自己の身体の決定権を掴み続ける点であろう。『燃ゆる女の肖像』は、赤子の存在が喚起させる「母性」と「中絶」を並置しつつ、その上で中絶を女性の選択権として力強く肯定していると言える。

『歌う女・歌わない女』では、ポリーヌもシュザンヌも共に中絶を経験する。特にポリーヌはボビニー裁判でシュザンヌと再会した時には平然と自身の中絶経験を伝えてもいる。『歌う女・歌わない女』にとって仰々しさも深刻さも感じさせない中絶とは、女性自身の選択の自由によって保障されなければいけないものであり、女性の身体が女性自身のものであることを証明するものであり、さらには女性と女性を連帯させるものでもある。ヴァルダは早い段階で「懲罰」の対象や「断念」の対象ではない中絶表象を確立させていたのである。

ヴァルダ流フェミニズム

ヴァルダのフィルモグラフィを概観すると、死の危機を感じている女性の時間を追体験させる『5時から7時までのクレオ』(一九六二)や、殺伐とした風景の中で放浪する女性の孤独と死を描く『冬の旅』(一九八五)などの女性映画と比べ、『歌う女・歌わない女』は突出して向日性の映画として志向されている。

アメリカの雑誌『シネアスト』の編集者ルース・マコーミックはヴァルダとのインタビューにおいて、特にラディカルフェミニストを中心とした多くのフェミニストたちから、『歌う女・歌わない女』の女性キャラクターはあまりに男性と関連づけられており、お伽噺のように楽観的で批判が不十分であると言われていると指摘する。[17] 他にも女性映画評論家たち、例えばエイミー・トービンは「十分にラディカルではない」とし、ポーリン・ケールはこの映画を「アメリカの大手広告代理店が作ったのではないか」と邪推した。[18] これらの批判に対しヴァルダは、フェミニスト映画は男性をこき下ろすべきだという意見には賛同できない、何故なら男性のせいではなく制度こそが問題なのだからと答えている。[19] ヴァルダは『歌う女・歌わない女』で法律や制度を相手に闘う楽天的な〝光の中の女たち〟を描こうとしたのである。[20]

同時代のフェミニスト映画のうち『歌う女・歌わない女』と対極にあると思われるのが、フランスで催されたクレテイユ国際女性映画祭で最優秀賞を獲得した『ボーン・イン・フレイムズ』（一九八三）で、この映画は喧しい女性たちによる多声的な戦闘的フェミニズムの様相を呈する。映画を起動装置として憤怒を発露させる『ボーン・イン・フレイムズ』を観れば、時に映画は怒りから生まれなければいけないとする監督リジー・ボーデンの言葉通り、そこにはラディカルにならざるをえなかった切迫性が感じられるが、当然ながらフェミニズム映画と言っても決して一枚岩ではない。『ブリュッセル1080、コメルス河畔通り23番地、ジャンヌ・ディエルマン』（一九七五）で最もよく知られたベルギーの映画監督シャンタル・アケルマンは、男性優位社会である世界に対する戦闘的フェミニストの問いを持たず、男性存在は一定の距離を置いて観察されるのみで[21]あり、ボーデンやヴァルダともまた戦略が異なる。ヴァルダは女性について「男性も含めた女性」[22]なのだと強調し、男性を愛すること、男性と人生を生きることの喜びも女性の人生の一部だと考えている。文芸評論家の船戸満之はその視点から、『歌う女・歌わない女』は女性解放といっても女性の側からの男性告発ではない[23]と評し、そこに男女の調和を見ている。

ヴァルダのフェミニズムは決して男性を「敵」として想定せず、映画においても女性と同じく公平に描こうとしているように思われるが、主に男性の評論家からは『歌う女・歌わない女』の男性描写に対する不満を表明する批評が出た。アメリカの映画評論家ヴィンセント・キャンビーは『歌う女・歌わない女』をソ連のプロパガンダに準え、ダリウス役が余計だと不満を述べた。[24] ラジオパーソナリティの永六輔は「この映画の中に出てくる男性ですが、どこかポイントが定まっていないんですね。存在感というものがない」[25]と男性の希薄さを嘆く。あるいは映画評論家の高沢瑛一は「ヴァルダのヒロインたちは、たとえばワンマン亭主や生活力のない夫など、日常的になまぐさい男たちを決して許さない」、「彼女たちは、あくまで寛容さとやさしさと安定性のない男を排除する」と評し、『歌う女・歌わない女』の世界を「女だけの都」と形容した。[26] ヴァルダは男性描写について、ラディカルな女性観客からは「あなたは男性を扱いすぎている」と言われ、男性観客からは「あなたは十分に男性に関心を向けていない」と言われたと述懐している。[27]『歌う女・歌わない女』の主な男性登場人物はジェローム、ダリウス、それからシュザンヌが再婚する医者ピエールの三人だが、そこで男性の存在感をあまりに強めてしまうと、ポリーヌとシュザンヌたちの「妻」としての側面が強調され、女性を「妻」あるいは「母」としてしか見做してこなかったかつての性規範を再生産してしまいかねない。ヴァルダが「女性の人生では、長期的な目で見れば男性はそれほど重要ではない」[28]と主張するように、男性に傾倒しないよう塩梅を保ちながら、女性の人生を自律的に立ち上げている点が『歌う女・歌わない女』の骨子であろう。

「幸福で不幸」な女性たち

一九七六年のエピローグ、ポリーヌとシュザンヌは激動の女の闘いを駆け抜けた後の静けさに浸るように、穏やかな湖畔で談笑している。しかしこれで終わりなのではない。その闘いは娘たちの世代へと連綿と引き継がれていくことを、ヴァルダは実娘ロザリーをラストショットに据えて示唆している。牧歌的な幸福を湛えた大家族の肖像画のようなイメージは、明らかにプロローグで陳列されていた哀しきポートレート写真と対にある。この終奏には「幸福」の二文字が相応しいかもしれないが、ヴァルダはすでに一枚の家族写真に写る均一な笑顔の訝しさから『幸福』(一九六五)を撮ってもいる。ポリーヌが発する「私は幸福で不幸よ」という台詞にもまた、「幸福」が単に「幸福」のみではないことが如実に肯《うけが》われているだろう。一八世紀にオランプ・ドゥ・グージュは、フランス人権宣言における「人homme」と「市民citoyen」は「男性」のことに過ぎないと喝破した。「女性femme」は「人間」ですらなかった。そんな歴史の線上にいる女性の「生」には元来「不幸」が不可分に備わっており、だから女性にとって「幸福」とは後天的に自らの手で獲得しなければいけないものなのではないか。つまりこう言って良ければ、女性の「幸福」は予め織り込まれた「不幸」の実態を認識して初めて獲得へと向かえるものなのである。

夫が愛人と愛し合うことを幸せだと言いながら溺死していった『幸福』の女性も、病の予感に苛まれながら「見られる」女性から「見る」女性へと変貌を遂げた『5時から7時までのクレオ』の女性も、孤独と死の代わりに自由を希求し続けた『冬の旅』の放浪者の女性も、ヴァルダの映画を生きる女性たちは皆、「幸福で不幸」な女性の生を体現する。『歌う女・歌わない女』は、そんなすべての女性たちへと捧げられる讃歌として、今も古びることのない音色を響かせている。

註

1　Kate Ince, "Feminist Phenomenology and the Film World of Agnès Varda", *Hypatia* vol. 28, issue. 3, 2013, p. 604.

2　*Agnès Varda: Interviews (Conversations With Filmmakers)*, T. Jefferson Kline (Ed.), University Press of Mississippi, 2014, p. xv.

3　エリカ・トゥナー、レナーテ・メーアマン、クリスタ・ヴォルフ他『ドイツ語圏の女性作家——文学と映画』浅岡泰子他編訳、早稲田大学出版部、一九九一年、七〇頁。

4　モリー・ハスケル『崇拝からレイプへ——映画の女性史』海野弘訳、平凡社、一九九二年、三七七頁。

5 『妊娠中絶裁判――マリ＝クレール事件の記録』〈ショワジール〉会編、辻由美訳、みすず書房、一九八七年、四頁。

6 辻村みよ子『女性と人権――歴史と理論から学ぶ』日本評論社、一九九七年、二四一頁。

7 飛幡祐規「フェミニスト弁護士 ジゼル・アリミの非凡な人生」『シモーヌ』三号、現代書館、二〇二〇年、九〇頁。

8 以下、作中の台詞の引用は、ハピネット・ピクチャーズ販売ＤＶＤ版日本語字幕による。

9 『「百合映画」完全ガイド』ふぢのやまい編著、星海社、二〇二〇年、八三頁。

10 *Agnès Varda: Interviews*, pp. 80–81.

11 済藤鉄腸「ハンガリー映画史、彼女たちの極光～ Interview with Vincze Teréz」『鉄腸野郎 Z-SQUAD!!!!!』、二〇二一年一月三日。<https://razzmatazzrazzledazzle.hatenablog.com/entry/2021/01/03/010507>（二〇二一年五月一〇日参照）

12 Georgia Mulligan, *The Queer Cinema of Jacques Demy*, 2017, PhD thesis, University of Warwick, p. 184.

13 矢橋透『ヌーヴェル・ヴァーグの世界劇場――映画作家たちはいかに演劇を通して映画を再生したか』フィルムアート社、二〇一八年、二九頁。

14 中山信子「魅惑の映画（le film enchanté）『シェルブールの雨傘』に刻まれた時間が示すもの――フランスのジェンダー映画研究の視点から」『プロジェクト研究』五号、二〇〇九年、五頁。

15 モリー・ハスケル『崇拝からレイプへ』、三七六頁。

16 *Agnès Varda: Interviews*, p. 93.

17 モリー・ハスケル『崇拝からレイプへ』、三七六頁。

18 J. Hoberman "One Sings, the Other Doesn't: Agnès Varda's Polarizing Paean to Sisterhood", *New York Times*, May 30, 2018. <https://www.nytimes.com/2018/05/30/movies/one-sings-the-other-doesnt-agnes-varda.html>（二〇二一年五月一〇日参照）

19 *Agnès Varda: Interviews*, p. 93.

20 『クロワッサン』一二月一〇日号、マガジンハウス、一九七八年、三二頁。

21 加藤幹郎『愛と偶然の修辞学』勁草書房、一九九〇年、三八頁。

22 『キネマ旬報』七五一号、キネマ旬報社、一九七九年、七八頁。

23 『映画芸術』三二七号、編集プロダクション映芸、一九七九年、四九頁。

24 Justin Chang, "Review: Agnès Varda's 1977 film 'One Sings, the Other Doesn't' is a charmingly offbeat rabble-rouser", *Los Angeles Times*, July 23, 2018. <https://www.latimes.com/entertainment/movies/la-et-mn-one-sings-agnes-varda-review-20180723-story.html>（二〇二一年五月一〇日参照）

25 『キネマ旬報』七五一号、一〇一頁。

26 『キネマ旬報』七五三号、キネマ旬報社、一九七九年、一六〇頁。

27 *Agnès Varda: Interviews*, p. 101.

28 同前。

カリフォルニアのアニエス・V

金子遊

海辺のインスタレーション

二〇一八年の初夏に、アニエス・ヴァルダの個展を見にいった。原宿駅に近いビルの五階にあるギャラリーに入ると、正面に立てられた一枚の白壁があった。晴れ間の見える空のした、岸へと迫る波の映像が映されている。壁画のようでもあるが、プロジェクションの性質上それは微細な動きをつづけている。ゆるやかな傾斜のついた床面には、俯瞰で撮られた砂浜に寄せては返す波のイメージが、別のプロジェクターによって投影されて壁の映像とつながり、波の手前には実際に白い砂が敷きつめられていた。二〇〇九年に制作された《浜辺》*Bord de Mer* というインスタレーション作品である。そのほかにも、会場には一九五〇年代から六〇年代に撮影されたという、猫をモティーフにしたビンテージの写真作品が数点展示されていた。

電車や車の走る音、人びとの喧騒、都市が排出する熱気のなかを抜けて、ギャラリーに逃げこみ、なんの変哲もない海景のまえで波音に耳をすませた。すると、とてもおだやかで落ちついた心持ちになった。アニエス・ヴァルダはベルギーのイクセルで生まれ、幼少期はブリュッセル近郊の浜辺に通い、戦中、疎開のためセートという地中海沿岸の港町に移住して、一時期は家族とともに船上生活を余儀なくされたという。ヴァルダと浜辺のふかい関係は、自伝的なエッセイ映画『アニエスの浜辺』（二〇〇八）でも描かれたのでよく知られている。セートの小さな漁村で処女長編『ラ・ポワント・クールト』（一九五五）を撮ってから五〇年余りのあいだ、華やかな芸術活動をつづけてきた作家が、どうしてこんなにシンプルなインスタレーション作品をつくったのかが気になった。そのとき、同じくセートの海辺に座って真昼の太陽のしたで打ち寄せる波を見つめながら、神々の静寂のなかで思索をめぐらせたポール・ヴァレリーが書いた一編の詩、「海辺の墓地」の一節が頭にうかんできた。

知覚し得ない泡沫の数々の金剛石《ダイヤモンド》を
鋭い燦《かがや》きの　何といふ純粋な働きが　閉じ込めていることか、
そして何という平安《やすらぎ》が　懐胎されそうに見えるのか。
深淵の上に　太陽が身を憩う時、
永遠の素因が生んだ純粋な二つの作品、
「時間」は閃き　そして「夢」は即ち智慧となる。[1]

堀辰雄が自身の小説のなかで、ヴァレリーの「海辺の墓地」のフレーズを引用し、「風立ちぬ、いざ生きめやも」と訳したことは有名である。アニエス・ヴァルダも長い人生の航海においてさまざまな問題に直面したときに、ヴァレリーのごとく浜辺の風景を見つめて思案し、「風が吹いてきた、さあ、生きていこう！」と思ったのだろうか。静かな浜辺に波が打ち寄せて、それが白い泡をたてると、太陽光があたってダイヤモンドのように光りかがやく。ヴァレリーはそこに永遠が生んだ「時間」と「夢」というふたつの作品を見たのだが、それこそまさに映像メディアが現実世界からすくい取るものではないか。ヴァルダの《浜辺》というインスタレーションには、悠久の光景が表現されており、その場所にずっとたたずんでいたいと思わせるものがあった。彼女のアートと浜辺の関係を掘りさげ、ふかいところにおりていくために、ヨーロッパの大西洋岸でも地中海岸でもなく、アメリカの西海岸というあまり語られてこなかった浜辺について、わたしたちは考える必要がある。

ヤンコおじさん

映画監督としてのジャック・ドゥミは、ヌーヴェル・ヴァーグが世間で注目されるなか、処女長編『ローラ』（一九六一）でさっそうと登場し、つづいて『天使の入江』（一九六三）を撮りあげた。そして、セリフが一切ない当時としては画期的なミュージカル映画『シェルブールの雨傘』（一九六四）で作家としての評価を不動のものとした。同作が国際的なヒット作になったことで目をつけたハリウッドのプロデューサーが、コロンビア・ピクチャーズで映画を撮らせるためにドゥミをアメリカに招いた。一九六七年に、夫のドゥミから手紙をもらったアニエス・ヴァルダも、カリフォルニアのロサンゼルスに移住することを決めた。ビバリーヒルズにあるプールつきの家で、ドゥミと娘のロザリーと暮らしたという。

当初はふたりともアメリカに長居するつもりはなかったが、一九六〇年代後半の西海岸はヴェトナム反戦運動やヒッピー・ムーブメント、黒人たちの公民権運動やウーマン・リブにわいており、特にヴァルダはその雰囲気に魅せられて、結局、一九六九年までその地で暮らすことになった。[2] ドゥミはハリウッドで撮る予定の映画プロジェクトで忙しく、それは『モデル・ショップ』（一九六八）へと結実する。ヴァルダはこのときのカリフォルニア在住時代に、短編の『ヤンコおじさん』（一九六七）と『ブラックパンサーズ』（一九六八）、長編の『ライオンズ・ラブ』（一九六九）を完成している。

同じカリフォルニアといっても、ジャック・ドゥミがハリウッドで企画を進めていたのに対し、アニエス・ヴァルダは自身の作品を撮るために、自由な気風のある北部のサンフランシスコへむかったところが対照的だった。『ヤンコおじさん』は、ゴールデンゲート海峡を挟んでサンフランシスコの対岸にあるサウサリートで暮らす、ヴァルダの親戚にあたる人物を描いた作品である。ヴァルダ自身もギリシャ系の遺伝子を受けついでいるが、ヤンコおじさん（本名はジャン・ヴァルダ）はギリシャのスミルナという町の出身で、一九一三年にその地をはなれてからパリなどで暮らし、一九三九年にサウサリートに移ってきた。「一度もあったことがないアメリカ人の親戚のおじさん」は、ちょび髭をはやした七十代の老人で、その町のベイエリアに係留された宿泊設備つきの船で暮らしていた。ここでわたしたちは、戦時下であった少女時代に、ヴァルダが南仏の港町セートで家族とボート暮らしをしていたことを思い起こしてもいい。いわば、このおじさんは彼女の船上生活のルーツのような人なのだ。ふたりの共通点はそれだけにとどまらず、世間の常識や社会システムから逸脱して、船上でアートや音楽や愛について語るライフスタイル、画家兼コラージュ・アーティストとしての創作活動、ピンクや黄色や緑の原色をつかったカラフルな絵画作品を見て、ヴァルダはすぐに意気投合する。ジャン・ヴァルダのほうも、自分のことを「ヤンコおじさん」というニックネームで呼ぶようにいうのだった。[2]

映画『ヤンコおじさん』は、ヴァルダと同じセーヌ左岸派とされるジャン・ルーシュであったら、「ポートレート映画」と呼びそうなスタイルをもっている。映画の冒頭、サンフランシスコの街とそこで暮らすヒッピーや彼（女）らのサイケデリック文化を称揚するオープニングから、ヤンコおじさんのモノローグへと入っていく。撮影対象を外側から取材するのではなく、対象者の協力を得て積極的に映画づくりに参加してもらい、カメラのまえで彼に自身の主張や考えを表現してもらう手法である。ヤンコおじさんは一般の民衆を収容所送りにするような政治や軍隊からのがれた末に移民し、いまはアメリカ政府やヴェトナム戦争に抵抗する若者たちのそばで暮らしており、それこそが「流血のない革命」だと強調する。わたし自身も、アメリカ留学時代にはキャンピングカーに住む多くの知人がいたし、シアトルのハーバーで暮らす友人のハウスボートに遊びにいったこともある。新大陸には、そうやって生活できるだけの広い空間があるのだと感心した覚えがある。

そうではあるのだが、ヤンコおじさんの声が案内する体裁で紹介される、サウサリートの「水上の郊外」の光景にはやはり驚いてしまう。ガラス張りの部屋が海上を移動していたり、水上に浮かぶキャンピングトレーラーが居住スペースになっていたり、都市の喧騒をのがれてかまえる居住空間は十人十色なのだ。中西部からやってきた農民は、船上で豚を一匹、アヒルを二羽、朝食の新鮮な卵のためにニワトリを複数羽飼っており、新鮮なミルクのためにヤギと一緒に暮らしている。「常に海のそばにいることが重要なんだ。愛の神アフロディーテは海から出現したのだから海は愛の要因だ、とギリシャ人はいったんだよ」とヤンコおじさんはモノローグでうそぶく。そもそもアニエス・ヴァルダが、この風変わりなボヘミアンである親戚のおじさんのことを知ったのは、ひとりの旅人から彼と会ったと聞いたからだった。そして、ヘンリー・ミラーが一九四七年に発表した『追憶への追憶』という小説に、ヴァルダという名字の大工として紹介されているのを読んだのだという。

ところで、ジャン・ルーシュとエドガール・モランは『ある夏の記録』（一九六一）を撮影するときに、被写体だけをフレーム内におさめて、撮影クルーやインタビュアーが画面外にいるという、ドキュメンタリーに特有の虚構的な構造に無自覚ではいられなかった。そのため、ルーシュたちはインタビュアーをも画面内に入れて撮り、ラストシーンでは監督した自分たちが話しあう姿も映画内に組みこんだ。それがシネマ・ヴェリテによる重要な問題提起のひとつであった。便宜的に「セーヌ左岸派」と呼ばれるルーシュ、アラン・レネ、クリス・マルケル、ドゥミ、ヴァルダらに共通するスタイルがあるとは思わないが、少なくともルーシュとヴァルダには、撮影者と被写体を無批判にわけてしまうような枠組みを疑い、それに対して作品のなかで揺さぶりをかけたという共通点がある。

たとえば『ヤンコおじさん』の冒頭四分あたり。それまで「水上の郊外」の様子をヤンコおじさんのヴォイスオーバーの声が紹介していたが、建て増して複雑な建築物になった彼のハウスボートへ近づく長いショットになると、それがアニエス・ヴァルダの声に切りかわる。この作品では、何度かヤンコおじさんとヴァルダの声が入れかわり、複数のモノローグの声を響かせ、ふたりの会話の音声も使われるポリフォニックな映画になっている。その背景には、誰だかわからないナレーターの声が神の視点から、すべてを見通すように、ヴォイ

「ヤンコおじさん」イラスト＝住本尚子

スオーバーで説明をしていくドキュメンタリーの構造への懐疑がある。おじさんの水上ハウスを初めてヴァルダが訪ねるシーンでは、「君はウジエーヌ・ヴァルダの娘かい?」「ええ、そうよ」という会話が英語とフランス語とギリシャ語でなされ、八回か九回ほどテイクがくり返される。さらにはカチンコを打つショットを何度か入れて、それが本当に初めて会った場面ではなく、シナリオを書いてリハーサルした上で撮られた映画的再現であることを示す。ここには、撮影の舞台裏を組み入れることで、ヤンコおじさんを被写体として突き放さずに、映画づくりをともにおこなう共作者として巻きこむ効果があるだろう。

アニエス・ヴァルダの父親は、故郷であるギリシャのことをほとんど話さなかった。そこでヤンコおじさんが家系図を示してくれる。彼の家族では画家やアーティストは、社会からのあぶれ者か与太者だとみなされた。『ヤンコおじさん』の後半で、彼は自分の絵画やコラージュ作品を紹介してくれる。後者では、キャンバスに色とりどりのプラスチック、織物、大理石、ガラスなどを大胆に貼りつけて、その上からペインティングするのだと説明する。それを「コラージュ」と呼ばれるのは好まないそうなので、ひとまずミクストメディアの作品と呼んでおこう。それはカラフルで立体的な、抽象的な光景を描いた平面作品である。このようなジャン・ヴァルダによるふしぎな作風は、もしかしたら、アニエス・ヴァルダの映画づくりと似ているのかもしれない。写真や、記録映像や、演出されたイメージや、さまざまな音声をつなぎあわせていき、短編映画という名のカンバス上に自由に構成していく。あるいは、彼の平面作品に感応するようにして、ヴァルダは『ヤンコおじさん』を編集していったのか。それは映像的なコラージュではなく、イメージをさまざまにつなぎあわせたあとで、上から好みの絵具で塗りつぶして自分のものにしていったものだ。それをヴァルダ流の「映像によるミクストメディア」と呼んでもいいのではないか。

壁画・壁画たち

一九六九年になると、アニエス・ヴァルダはフランスにもどり、七二年に息子のマチュー・ドゥミが生まれている。七五年には『ダゲール街の人々』を製作し、七七年には劇映画『歌う女・歌わない女』を発表した。ヴァルダがふたたびカリフォルニアにもどるのは、一九七九年になってからのことだ。ロサンゼルスの街頭において起きた実際の事件をもとに映画を撮る企画があり、その資金をＥＮＩというフランスのエネルギー会社が拠出することが決まっていた。ある朝、ひとりの男が裸で外にでかけたところ、それに出くわした警察官が彼のことを射殺した。目撃者は誰もいなかった。ヴァルダは射殺された男と一緒に暮らしていた女性に取材し、ほとんど合法的な殺人ともいえるこの事件をもとにして、『マリアと裸の男』*Maria and the Naked Man* というタイトルで劇映画のシナリオを書いた。[3] 会社側は主演に有名なスターを起用することを希望した。一九八一年の終わり頃まで、ヴァルダはテレサ・ラッセルとシモーヌ・シニョレの配役でその映画を撮ろうとしていたが、最終的にはプロジェクト自体が流れてしまった。[4]

アニエス・ヴァルダには、そのことによるフラストレーションがあったようだが、二度目のカリフォルニア滞在をただでは終わらせなかった。そこに映画作家としての執念を感じる。フランスの映画産業からなんとか資金を調達して、低予算で『壁画・壁画たち』（一九八一）と『ドキュモントゥール』（一九八一）の二本の長編を撮ったのだ。今度の滞在では、ヴァルダは七歳になった息子のマチューを連れてアメリカに渡り、ロサンゼルスの中心部から見て西の海岸沿い、サンタモニカのすぐ南にあるヴェニス・ビーチに家を借りて住んだ。浜辺に面した家だったという。『ドキュモントゥール』には、ヴァルダの私生活がつよく反映されることになった。夫のジャック・ドゥミと一時的に別居したことによって、作品には孤独と喪失感が隅々にいたるまで漂っている。その後も、一九八〇年代のドゥミとヴァルダはパリで別居生活をつづけたが、子どもたちの生活に関わるためにドゥミは通りの反対側に移り住んだという。ヴェニス・ビーチに居を定めた理由について、ヴァルダはインタビューで次のように話している。

> 途轍もなく多くの人たちが西部を目ざして、この土地までやってきて、これ以上先には進めないことに気がついた。アメリカにとって一種の世界の果てだったんでしょう。わたしがヴェニス・ビーチを選んだのは、海があったからです。海はどこでもない場所であって、そこに適応するように強制されることはない（少なくともその点では競争相手よりも有利になる）。ここではとても安定していると感じられる。わたしは本当にアメリカにいるわけではないので、フランスから離れて暮らすことに苦しんでいるわけでもない。わたしはここに、浜辺にいるの。地理的に、経済的に、あるいは社会的に位置づけられていないと感じることが、本当に好きなんですね。[5]

ベルギーでも、フランスでも、アメリカでもない、どんな特定の国家や土地からも一時的に自由でいられる特権的な場所。それがアニエス・ヴァルダにとっての浜辺だというのだ。実は『アニエスの浜辺』のなかでも、ヴァルダはほとんど同じことをいっている。ヴェニス・ビーチにある桟橋を再訪して歩き、その映像に「太平洋のこの桟橋こそ、西部開拓にとって最果ての土地。移民たちが成功を望み、その夢が破れた地だ」とコメンタリーをあてている。『ヤンコおじさん』『ブラックパンサーズ』『壁画・壁画たち』『ドキュモントゥール』の四本のカリフォルニアで撮った作品を貫くのは、まさに移民やマイノリティや一時滞在者という、社会でマージナルなところにおかれた人びとへの関心である。それは『壁画・壁画たち』では、メインテーマへと昇格される。

映画のオープニングの場面で、息の長い移動ショットでロサンゼルスのストリートの壁に描かれたグラフィティ・アートを見せる。ジュリエット・ベルトが担当したコメンタリーの声は、人によってさまざまなロサンゼルスがあるだろうが、自分にとっては何よりも、匿名の人たちによって壁に描かれたペインティングがそれだと語る。アメリカ人はそれをミューラル（壁画）と呼ぶ。「生きて、呼吸し、煮えくりかえっている壁。しゃべり、なげき悲しみ、ぶつぶつと不平をいう壁。ある壁は抗議の叫びをあげ、ほかの壁は何もいわない。だが、これらの壁は何かを売っているわけではない」とコメンタリーの声は話す。壁画は、日光に焼かれ、雨風にさらされ、時が経過するとともに自然と風化していく美術作品であるが、まさにこのパートでは、壁画のことを自己生成しつづける生命体のようにとらえている。おもしろいのは、次にくるシークエンスだ。ビルボード（広告の看板）の多くが、丘のうえなど眺望のよい場所に立てられ、そこに描かれた人たちが笑顔を浮かべているさまを見せる。それに対して、目立たない場所に描かれて、あまりかえりみられることもなく、ペシミスティックな表情を浮かべている絵は、きまって壁画であると指摘するのだ。

そうはいっても、壁画には当然のことながら、有名ではないかもしれないが、ひとつひとつに作者が存在している。『壁画・壁画たち』という映画が、そのアノニマスな作者たちに出会い、その世界を探索していく作品であることが、オープニングの短い映像のなかで的確に示される。同時に、アニエス・ヴァルダは言葉では説明しないが、ビルボードに描かれた人たちが白人系の男女ばかりであり、それと比べると、壁画に描かれているのは、ネイティブ・アメリカン、アフリカ系、東アジア系、ヒスパニック系など多様な人種であることを映像的に見せる。それと関係することだが、音声の構築という面で注意をひくのは、メインのコメンタリーの女性の声とは別に、映画全体をつうじて男性の声がささやくヴォイスオーバーを入れていることだ。その声は「アズワン」「タカモト」「トレス」というふうに、映像で見えている壁画が誰によって描かれたものなのかを観客に教える役割をはたす。ヴァルダがそのようにサウンドトラックを構成した理由は、誰の目にも明らかだろう。

とはいえ、アニエス・ヴァルダに特有のエスプリは、『壁画・壁画たち』という作品を社会派のドキュメンタリーという形式に押しこめることはしない。街角の建物に描かれた巨大なスケールの壁画たちは、ロサンゼルスという街をカラフルで、遊び心があって、さまざまな文化のエッセンスが楽しめる、アウトドアの美術館のようなものにする、とマイケル・コレスキーは指摘した。[7] 壁画は、いつでも誰でも見ることができるからこそ価値がある。映画のなかで、ヴァルダは壁画家たちに実際に会いにいき、その話をきくという行為をつづけていく。そうすることで、白人系やヨーロッパ系の住民にとっては、危険で居心地が悪いイメージで考えられがちなヒスパニックや黒人のコミュニティに、つまりはロサンゼルスの公的な社会からは不可視なものとされている都市の裏側にアクセスするのだ。そのような意味では、『壁画・壁画たち』はドキュメンタリー映画というよりも、映像と音声をつかったヴァルダ流の都市論になっており、光学的に描かれた文明批評だといえる。彼女の知性と言葉がそれぞれのイメージをつなげるという点では、クリス・マルケルが自家薬籠中のものとしたエッセイ映画に近いものだといっていい。

映画の前半で紹介されるのは、メキシコ系アメリカ人のマヌエル・クルスという壁画家である。彼は東ロサンゼルスのバリオ（チカーノのコミュニティ）に属していて、自分自身も若いころはギャング団にいたという。「彼ら（少年たち）はギャングになろうとしてなるのではなく、たまたまそこのコミュニティに生まれて、子ども時代をすごし、まわりにそういう環境があるから、気がつくとギャング団に入っているような状態だ」とクルスは説明する。クルスが描いたのは、古代マヤかアステカの装束を身につけた男が、ギャングに撃たれた少年を腕に抱えている壁画だ。それを描くことによって、自分たちがマヤやアステカの古代文明を築いた偉人たちの子孫なのだということを、クルスは若者たちに伝えようとする。

勘がいい人であれば、このシークエンスを見て、一九八〇年代における街なかのグラフィティ・アートのムーブメントが、ホセ・クレメント・オロスコ、ディエゴ・リベラ、ダビッド・アルファロ・シケイロスらが主導した、一九二〇年代に勃興したメキシコにおける壁画運動につらなるものだと気づくであろう。それらの壁画家たちは、民衆にメキシコ革命の意義やメキシコ人としてのアイデンティティを、誰でも気軽に見ることができる壁画をとおして伝えようとした。三〇年代前半には、実際にオロスコやリベラはアメリカに滞在し、各地で壁画を制作した。アニエス・ヴァルダが取材したチカーノ（メキシコ系アメリカ人）たちの壁画は、一九六〇年代以降になって彼（女）らが自分たちのアイデンティティを模索するなかで、メキシコにおける革命美術や壁画運動を継承したものなのだ。さまざまな社会問題を抱えながらも、自分たちのコミュニティの再生に努めるロサンゼルスのマージナルな人たちへ、ヴァルダがつよい共感を寄せていることがわかる作品になっている。

ドキュモントゥール

アニエス・ヴァルダはドキュメンタリーを撮ることを、社会のなかで声をもたない人たちと出会い、彼（女）らの声に耳をすまして知り、それを映像で紹介する行為だと考えていたにちがいない。それはつきせぬ好奇心がなせるわざであり、どこにいっても誰とでも親しくなれる人柄が、そのことを可能にしたといえる。『壁画・壁画たち』が、ヴァルダの外交的な性質がいかんなく発揮された「陽」の作品だとすれば、同じカリフォルニア滞在時に撮られた『ドキュモントゥール』は、異国の地で孤独と疎外感をおぼえ、自分の内面にこもる女性を描いた「陰」の作品である。

映画の物語はきわめてシンプルだ。夫と別れたエミリーは、ヴェニス・ビーチにある友人の家で、息子のマルタンと暮らしている。エミリーは浜辺の見える映画会社のオフィスで秘書の仕事をする女性。間借りしていた友人の家を追い立てられ、マルタンと新居で暮らすことになるエミリーだが、息子はさびしがって同じベッドで眠りたがる。そんななか彼女は、ダイナーで働くティナという女性と友人になる。カリフォルニアという異郷で暮らすフランス人のシングルマザーが、夫のトムと別れたことによる喪失感を抱え、仕事と子育てを両立し、異性に出会ったりしながら、人生について思い悩む姿を描いている。

わたしは『ドキュモントゥール』という作品が長いあいだ気になっていた。というのは、『アニエスの浜辺』のなかで分量をさいてこの作品が紹介されており、アニエス・ヴァルダ自身が「いま思えば、彼女（エミリー）はわたしの分身だった」とコメンタリーで言及した作品だからだ。「ドキュモントゥール」はヴァルダによる造語で、document（ドキュメント）とmenteur（嘘つき）をかけあわせたものだ。このタイトルから、映画作家が私生活を反映した物語を語っているようでいて、実際には真実を明かしてはいないことがうかがえる。主人公のエミリー役は俳優ではなく、ヴァルダの映画編集者のサビーヌ・マムーが、息子のマルタン役はヴァルダの息子のマチュー・ドゥミが演じた。映画のなかで、ヴァルダは私生活とフィクションを複雑に組みあわせているように見える。

『ドキュモントゥール』は、ロサンゼルスの巨大な壁画のまえでサッカーをして遊ぶ、エミリーとマルタンをロングで撮ったショットではじまる。ヴェニス・ビーチの桟橋をふたりが散歩し、寒々しい空のしたで、黒人、アジア系、ヒスパニック系、東欧系の人たちが釣りをしている姿をながめる。エキストラではなく、実際の釣り人を撮った映像のなかに、俳優のふたりを入れこんだ演出のようだ。さりげなくインサートされるメキシコ系が営業する床屋のショット、エミリーが間借りする低所得者むけ住居に住む黒人夫婦、コインランドリーに集まる多種多様な人たち、工事現場で働くチカーノたち、道ばたのベンチで眠るホームレス、バス停で大きな荷物を抱えてバスを待つ人たち、ラストシーンでエミリーとマルタンが参加するチカーノのフェスタなど、この映画はハリウッドやビバリーヒルズの華々しいロサンゼルスのイメージとは異なる、市井の名前のない人たちの姿を記録映像で見せる。そうすることで、フランス人のエミリーが異邦人としてその街に滞在し、移民やマイノリティの人たちに内面的に共感していることを、言葉や物語ではなく映像で示している。

アニエス・ヴァルダはショットや登場人物の設定においても、現実と虚構を複雑に絡みあわせる。『アニエスの浜辺』で種明かしされたように、アパートの部屋をさがすために電話ボックスから電話をかけるエミリーが、家賃の支払いをめぐって大げんかをする男女を目撃するシーンでは、その場で起きたけんかを記録撮影した。そして、その男女のまえをエミリーに横切らせるというかたちで映画内に取りこんでいる。偶然のことながら、それは男女の別居を描く物語の全体を象徴するシーンになった。低予算ということもあったろうが、ショットのなかに記録と虚構の二者を溶けこませる、ヴァルダならではの手法がここには見られる。登場人物の設定についても同じだ。サビーヌ・マムーは現実世界ではヴァルダの映画編集を担当していたが、映画内では映画監督の秘書役で、電話でヴァルダ自身を思わせるような女性監督からいろいろと指示を受ける。オフィスに男性の映画監督や録音マンがやってきて、「フランス人女性の声が必要なんだ」と求める場面では、明らかに『壁画・壁画たち』の冒頭におけるナレーションと同じセリフを、虚構の人物であるエミリーが吹きこむことになる。そもそもエミリーがアニエス・ヴァルダの分身であるなら、その息子役を実子のマチュー・ドゥミが演じたこと自体に、現実と虚構のよじれがある。問題は、どうしてヴァルダがこのように手のこんだかたちで「私小説」を書こうとしたかだろう。

わかる範囲で情報を整理してみる。一九七九年にアニエス・ヴァルダは『マリアと裸の男』をロサンゼルスで撮るために、二度目のカリフォルニア滞在をはじめた。彼女が暮らした浜辺の家で、ピンボール台に夢中になるマチューの写真にジャック・ドゥミが写っていることから、当初は夫婦仲はうまくいっていたのか。一九九一年のカンヌ国際映画祭における『ジャック・ドゥミの少年期』（一九九一）の上映後の記者会見で、ヴァルダは愛しつづけたパートナーだったドゥミの死にふれながら、「ロサンゼルスに行かなければ……」と後悔の言葉をつぶやいたという。[7] ということは、『ドキュモントゥール』の夫婦のように、滞在中のどこかでドゥミと別の相手との仲が進展し、ヴァルダと別居することになったのか。当初、ドゥミの死因は本人の意向で白血病だとされたが、その死から約二〇年後に発表された『アニエスの浜辺』において、死因はエイズだったとヴァルダは明かした。そのことから、ドゥミの相手は同性だったのではないかと推察される。

これ以上、私生活をさぐっても意味はない。もっと重要なのは、アニエス・ヴァルダがウェストコーストの浜辺に何を見ていたかであり、それをどのように映像に定着しようとしたかのほうだ。『ドキュモントゥール』にはヴァルダの分身であるエミリーが、浜辺を見わたせる部屋で事務仕事をするシーンが何度も登場する。当時ヴァルダたちが住んでいた家を、映画会社のオフィスに見立てたのだろう。最初に浜辺が登場するとき、エミリーの主観ショットで、遠くに白波をたてる浜辺をカメラは真正面からとらえる。その映像に「ここでは時間はゆっくりと過ぎていき、それはまったくつらくない。この仕事が好きだ、この景色が好きだ。ここにいることは、まるでどこでもない場所にいるかのようだ」とエミリーのモノローグをかぶせている。つづけて「海は砂のうえから洗いながす／引きはなされた恋人たちの指紋を」と頭のなかでつぶやく詩的なフレーズによって、彼女がその浜辺の光景に愛の喪失を見ていることが示される。

ところが、二度目にヴェニス・ビーチの浜辺が映しだされるとき、エミリーは完全に無言である。多重露光のようにして、浜辺の光景を反射するガラス窓の内側に、タイピングをする彼女が座っている。カメラは窓外にあるが、音声は室内のタイプする音を拾っている。彼女の視線はカメラの位置をこえて、遠くにある波打ちぎわか、さらにその向こうにある海の彼方を見つめているようだ。ここには、明らかに一度目の浜辺のショットと意味上の差異がある。彼女は、ポール・ヴァレリーがセートの海辺に見た神々の静寂を見ているかのようであり、あるいは、アメリカにとっての世界の果ての光景を凝視しているかのようでもある。どこでもない場所としての浜辺の風景が、エミリーを喪失感から回復させたとまではいえない。だが「風が吹いてきた、さあ、生きていこう!」という程度の前向きな姿勢に変わっているようには見える。アニエス・ヴァルダが人生のなかで飽きずにながめつづけた海景、彼女の映画に登場しつづけた浜辺の風景は、どこでもない場所であるがゆえに、そこからさまざまな感情や意味を引きだすことができる無定型の源泉だったのではないか。

註

1 ポール・ヴァレリー「海辺の墓地」鈴木信太郎訳、『ヴァレリー全集1 詩集』筑摩書房、一九六七年、二二八―二二九頁(旧字と旧かな表記を現代語に改めて引用)。
2 Michael Koresky, "Into the West", *Agnès Varda in California*, DVD leaflet, Eclipse, 2015.
3 Edited by T. Jefferson Kline, *Agnès Varda: Interviews*, University Press of Mississippi, 2014, pp. 102–103.
4 Alison Smith, *Agnès Varda*, Manchester University Press, 1998, pp. 9–10.
5 *Agnès Varda: Interviews*, p. 103.
6 Michael Koresky, "Outside and In", *Agnès Varda in California*, DVD leaflet, Eclipse, 2015.

7　秦早穂子「アニエス・ヴァルダの道を辿る」、『アニエス・ヴァルダをもっと知るための3本の映画』プレス資料、二〇一九年、二五頁。

記憶・文化史・映像メディア
『ダゲール街の人々』と『顔たち、ところどころ』を中心に

吉田悠樹彦

今、アニエス・ヴァルダを語ろう

アニエス・ヴァルダは前世紀においては自らを〝フィルム・メイカー〟とし、今世紀は〝アーティスト〟と名乗った。アーティストと名乗っていた時代は、ドキュメンタリーとインスタレーションの間で活動を繰り広げたといえよう。多くの専門書はヴァルダのことを、パートナーだったジャック・ドゥミとの関係から取り上げる。そして、ヌーヴェル・ヴァーグは演劇から多くのものを得たとされ、なかでもドゥミと演劇の関係については多く論じられている。[1]

ヴァルダはゴダールやトリュフォーよりもデビューが早く、ヌーヴェル・ヴァーグの原点とされるが、その中でも「思考」を形作った作家といえるのではないか。彼女は批評家のスーザン・ソンタグと対談をし、別のインタビューを読むと小林秀雄についても知っていたことがわかる。[2] そこで、このアニエス・ヴァルダという稀有な才能を文化史や民衆の記憶といった視点から論じてみたい。ヴァルダの作品もドゥミ同様に演劇と関係が深く、映画以前に写真に取り組んでいたことから、多メディア的な要素を最初から持っていた。後に二一世紀になると、メディア芸術の発展と共に、映画というジャンルの限界を乗り越えるべく様々な試みを行ったことからも、その傾向がわかるだろう。

しばしの間、フランスの演劇の系譜をさかのぼってみよう。近代劇のジャック・コポーの弟子にシャルル・デュランがいる。デュランはアントナン・アルトーやジャン＝ルイ・バロー、そしてジャン・ヴィラールを育

てた人物だ。バローとヴィラールは戦後フランスの演劇界の大立者となった。バローが俳優として活躍した映画が、傑作として名高い知られるマルセル・カルネの『天井桟敷の人々』(一九四五)だ。ヴィラールも同監督の『枯葉~夜の門~』(一九四六)をはじめとして様々な映画に出演している。一九五〇年代のフランスでは、ヴィラールや哲学者のジャン=ポール・サルトルが書いた戯曲作品が注目を浴びていた。ヴィラールはそんなフランスの演劇界にブレヒトを持ち込んだことで知られる。彼に熱中をしていた若者たちのなかに、若き日のロラン・バルトがいた。バルトは若い時から演劇が好きだった。そして、その著書で演劇のみならず映画を論じることもしばしばだった。ヴィラールとその劇団に接したときの衝撃をバルトは劇評などの形で記している。[3]

一方、若きヴァルダは、まず写真機の修復について学び、やがて写真撮影を勉強するようになった。彼女はソルボンヌ大学に通った学生時代に、「認識論的切断」で知られ、『夢想の詩学』など夢やイメージに関する著作がある、科学史家のガストン・バシュラールに学んだ。[4]やがてヴィラールの劇団でヴァルダは写真家として撮影をするようになり、そこから映画監督へとつながる道を歩むことになった。

アニエス・ヴァルダと演劇

自らについて語る遺作『アニエスによるヴァルダ』(二〇一九)において、アニエス・ヴァルダは、演出家ジャン・ヴィラールが監督を務めたフランス国立民衆劇場(TNP)でカメラマンをやっていた時代には、「俳優をそれぞれの作品を象徴するようなカットを通じて撮影していた」と述べている。ヴァルダが写真を撮影したのは、その後になって名を成すことになった名優が多い。いずれも前衛的な写真というよりはポートレートに近いような作品である。彼女はジェラール・フィリップやマリア・カザレスらを撮影した。一九五〇年に、フィリップの写真を撮りはじめ、その一部は、写真集『アニエス・ヴァルダによるジェラール・フィリップ』として刊行されている。[5]

ジェラール・フィリップは来日したこともあった。その時の想い出を日本舞踊家の尾上菊音《きくね》は、次のように語っている。（菊音は演劇と関係が深い福地桜痴・信世や英文学者の厨川白村を親族に持ち、初代・尾上菊之丞と二代目［現・尾上墨雪］に師事した。）

『肉体の悪魔』（一九四七）で主役を演じた映画俳優のジェラール・フィリップ（享年三七）に私は夢中になっていたの。昔のF・ライトが建てた帝国ホテルの三階が帝国劇場になっていた。福地の叔父（桜痴）が『鏡獅子』を書いて私を使ってこの作品を踊らせたのも帝国劇場だったし、フィリップが来たのも帝国劇場だった。東京會舘でフランス映画祭を観終わって東京會舘のグリルに入っていたら、フィリップの奥さんと本人がそこに入ってきた。彼は随分と大きいから、ボーイさんに頼んでメッセージを送ったら、そうしたら二人が席を立ってこちらを見て直立不動をしてくれたの。品が良くて、挨拶が綺麗で、ああいう方は滅多にいないわ。言葉は一言もしゃべらない。こちらも席を立って丁寧なお辞儀をするでしょう。それで後でお願いをしたらサインをくださったの。日本人で持っているのは私ぐらいよ。彼の映画に対する当時の批評もすごくよかった。彼のことをよく見ている。こんな映画評を書ける人は滅多にいない。とにかく彼に夢中になっていたの。[6]

一九五〇年代の日本の芸能文化では演劇が盛り上がっており、東京にあった劇団の数はパリのそれより多かった、とアルトー研究者でダンサーの及川廣信は筆者に当時を語った。この時代のフランス演劇は特に注目されており、日本からも及川やフランス演劇研究の安藤信也、若き日の勅使川原三郎を育てたバレエ指導者の雑賀淑子らがパリに渡って学んでいる。安藤の周辺には精神科医で作家のなだいなだもいた。

さて、写真家時代のヴァルダは優れた才能の持ち主たちを撮影していった。ヴィラールのアヴィニョン演劇祭は当時、大変な話題になった。フランスの演劇界は一九六〇年代以降、パリの五月革命などを背景としながら、学生運動の思想的バックボーンとなっていく。サルトルの一連の舞台作品や、ジャン・ジュネの『黒人たち』（一九五九年初演）などの劇作に代表されるように、不条理演劇が注目を浴び、ヴィラールやTNPは時代遅れになっていった。[7] アニエス・ヴァルダが選んだ被写体は、民衆のための演劇を主張し続けたヴィラール同様、先端性を持ちながらも同時にポピュラリティを伴う才能が多かった。このようなヴァルダの関心は、その後の映画作品の中でさらに発展していくことになった。

やがてヴァルダは、フォークナーが小説『野生の棕櫚』で、一つの作中に二つのストーリーを盛り込んだことに着想を得て、『ラ・ポワント・クールト』（一九五五）の物語を生みだす。それは夫婦のストーリーと、フランスの地方の街の記憶を描くという二重性をもっている。映画の主要キャストは、ヴァルダが劇場で働いたキャリアを持っていたため、有名な俳優を起用することができた。同時に、映画のなかで民衆の生き様や当時の風俗をよく記録している。はっきりとわかる象徴を使い、登場人物の物語を明確にし、その背景にポピュラリティを伴ったメッセージ性を入れ込むという構造は、その後のアニエス・ヴァルダの作品に一貫してみられるもので、彼女の作風の一つの軸となったといえる。いわゆるリアリティがあるドキュメンタリーではなく、自分なりの方向性で手を加えてみせ、演出を上手にするタイプの作品をヴァルダはつくるようになっていく。

ところで、フランソワ・トリュフォーが批評家のアンドレ・バザンに影響を受けたことは、よく知られている。他方、ヴァルダに対してバザンは、一九五五年のカンヌ映画祭で作品を上映する時に手助けをしている。[8] ジャン＝リュック・ゴダールは、ルイ・アルチュセールやアラン・バディウなどの哲学を愛し、一生を通じて思想との関係が深い。ゴダールやトリュフォーは作家のフィリップ・ソレルスらによる文芸誌『テル・ケル』とも接点があった。それに比べると、ヴァルダはフェミニズムなどとの関係が深い。[9] その一方で、後にヴァルダのパートナーになるジャック・ドゥミは、映画の中でミュージカルを取り上げた。なおドゥミの生涯については、ヴァルダが監督した『ジャック・ドゥミの少年期』（一九九一）に詳しい。こうして見ると、同じヌーヴェル・ヴァーグの映画作家といっても、それぞれが異なるバックグラウンドを持っていたことがわかる。

『ダゲール街の人々』について

パリ（とリヨン）は、リュミエール兄弟の時代から映画と関係が深い都市だ。この街では俳優で劇作家のアントナン・アルトーも活動した。

一九五〇年代以来、アニエス・ヴァルダはパリのダゲール街に住んでいた。銀板写真のダゲレオタイプにちなんだ名の街である。ダゲール街は詩人・金子光晴と、フランス語で詩を書いた詩人・作家の森三千代が暮らした街でもある。森は小説にその名を登場させている。詩人・清岡卓行は、革命家・トロツキーがこの街に住んだこともあったということと、金子夫妻のエピソードを詩に書いている。[10] 写真史の原点に名を刻むダゲールは、パリのアンビギュ＝コミック座やオペラ座の主任舞台装飾家を務め、意識的に光を用いた舞台効果技術を披露した。彼は錯覚を起こさせる技法に傾倒し、やがてジオラマ館を設立することになる。劇場やジオラマの仕事を経て、写真の原点に当たるダゲレオタイプを発明したのだ。[11]『ダゲール街の人々』（一九七五）はそんな彼にちなんだ街を生きる、無名の民衆の記憶といえる内容になっている。この街でヴァルダ自身もまた生きた。ダゲール街で、最初は写真スタジオ、そして製作会社シネ＝タマリスを経営し、子供たちを育てあげた。子育て中だった彼女が本作を、自宅から電気コードが届く範囲で撮影したというのはよく知られた話だ。[12]

映画『ダゲール街の人々』には、生き生きとした市民や、この地の風俗が記録されている。このパリの一四区、モンパルナスにあるダゲール街は上述の通り、金子夫妻やトロツキーも住んだことのある街だが、この映画で描かれるのは商売人の街であり、政治的中立地域としての姿だ。一方で学生運動の影響を受けてロックンロールが流行するようになるなど、この時代になると、社会や文化に変化が現れた。この映画が製作されたのは、アンドレ・マルローが一九六九年に文化大臣を退き、後に一九八一年にジャック・ラングが左派政権下の文化大臣になる間の期間であり、ポンピドゥー・センター設立への尽力で知られるジョルジュ・ポンピドゥー大統領が他界した直後であった。

『ダゲール街の人々』
©1994 agnès varda et enfants

物語は、「青アザミに（オー・シャルドン・ブルー）」という昔ながらのブティックからはじまる。香水、クリーム、ポマード、服など様々なものを売るこの店は、夫婦（夫はレオンス・デュブロシアン、妻はマルセル）が経営している。妻の方は健忘症を患っている。ヴァルダの前夫との間の娘、ロザリー・ヴァルダも登場する。当時、ヴァルダは監督としての活動よりも、息子のマチューの世話を優先していた。

「怖い顔をした静かな大衆はアコーディオンの音色の中、絵に描いたように魅力的」だと監督によって描写される街では、毎日「日常」という名の劇場の幕が上がる。パンや食べ物、日用品の映像をアコーディオンの音色が彩る。音楽での演出は、カットをつなげるだけでなく、民衆に寄り添う意味もあるのだろう。この演出は『オペラ・ムッフ』（一九五八）に通じるものがある。現実世界のどんなものに、ヴァルダが「映画」をみてとっていたかがポイントとなる。例えば女たちの会話。映画には、世間話、子育ての話題など、市民たちのたわいないおしゃべりが多く登場する。そこから、パリの街の歴史や情景が立ち上がってくる。

そして、肉屋やパン屋、時計屋、アパートの管理人、アコーディオンを売る楽器屋、理容室、仕立て屋の生活や生き様が交差するように綴られる。街を生きる人々への愛と、一人一人のミクロな物語を通じて、パリの日常風景がスクリーンいっぱいに広がる。アニエス・ヴァルダはこの街の民衆文化や、昼と夜それぞれの姿を記録し、時間が経つと失われる街の記憶をしっかり残している。彼女が働き暮らした会社の半径五〇メートル以内に暮らす無名の市民は、職業も、出身地も、世代も様々だ。名前や職業は伏せられることもある。それぞれの人物の出身と、何年にパリに来たのかが紹介される。彼らの多くは生粋のパリっ子ではなく、農村からでてきた人たちが多いという意外な事実がわかってくる。ヴァルダ自身がそんな街の素顔に驚いたのだろう。「青アザミに」の老夫婦は、半世紀ほど前に、大衆紙「プチ・ジュルナル」のパーティーで出会った。そして結婚し、一九三三年にパリに来て、香水の小売りを中心に、靴下や下着、小間物、アクセサリーを扱う商いをしてきた。

仕立て屋は、ナントとポルニックの間にある小さな村のサント＝パザンヌに生まれ、パリで仕立てを学んだ。布を売る店の女性は、レンヌとサント＝ブリユーの間の小さな村の出身だ。アルカションの近くの小さな村で生まれた男性は、肉の生産で有名なリムーザン地方で修業し、兵役も経験した。マンシュ県の農場の家に生まれた女性は、一九六三年にパリへやってきた。一九一〇年に生まれたオルヌ県出身の男性は、パン屋として働く。自動車学校の教官はニエーヴル県出身だ。さらにフランスの田舎だけではなく、チュニジアのジェルバ島出身で、一九七三年にこの街に行きついた人物も登場する。

そんな街の住人が一堂に会するマジックショーの夜の場面になると、ダゲール街の片隅で奇術師ミスタグがマジックを披露する。彼は小さなスリルと笑いの夕べ、「神秘の祭典」を市民に提供する。ヴァルダ監督は、そのパフォーマンスは「現実を眠らせ、霊媒を呼び起こし、常識や思い込みを（街角を掃除をするように）掃き散らす」ものだとナレーションで述べる。見世物は民衆の娯楽であり、この街の面々の楽しみである。そのなかでも「月面着陸」と呼ばれるSF的なマジックショーは、興奮と笑いが渦巻く見事なものだ。「人間レーダー」と呼ばれるテレパシーや、透視、暗示、催眠、千里眼、体が硬くなる術などが、くつろぐ観客たちに披露される。それから、ミスタグはサーカスでおなじみの芸も披露する。火を操る幻術では、男がトーチを口に入れると同時に、オリエンタルな音楽が場を盛り上げる。映画では、そのようなショーの風景と、市民の普段の生活の風景を混ぜるように編集している。そう演出することで、市民たちの無邪気な笑いの背景にある生活が感じられる。

この映画に登場するアコーディオンはボタン式である。これはフランスへイタリア移民が持ち込んだことで知られる楽器だ。アコーディオンを使う代表的な音楽といえばパリ・ミュゼットだが、当時はロックンロールを奪われつつあった。[13] アニエス・ヴァルダは「青アザミに」の老夫婦を題材にすることで、ダゲール街の住人たちの夢や記憶、そして時間に関するテーマを展開する。「時計屋の夢に登場する時計は一つだ」と語られるエピソード、そして「市民にとって夢は病である」といったエピソードが積み重ねられる。『ダゲール街の人々』のラストシーンは、「カラー撮影されたダゲレオタイプ。ダゲール街のステレオタイプ、ここで生きる人たち（types et typesses）の日常。（健忘症の）彼女（妻）がまとう灰色の沈黙のようにひっそり存在することを求めている。これはルポルタージュ？　オマージュ？　それともエッセイ？　哀悼？　批判？　アプローチ？　監督として最後に署名しよう、la daguerréotypesse のアニエスと。」という文句で締めくくられる。フランス語で types は「男」を意味する単語 type の複数形、その女性複数形は typesses であり、アニエスも街の人たちの一人にすぎないという意味だろう。[14]

『ダゲール街の人々』の時代

アニエス・ヴァルダの幅広い映像文化への視線は、様々な体験から育まれた。彼女の作品は映像メディアの特性を活かし、歴史家や民俗学者の文章よりも実感を伴って、パリの風景を今日の世界へと伝えてくれる。ヴァルダの映像世界は、音楽・舞踊評論家の蘆原英了が文章に書いた世界を彷彿とさせる。彼は親戚に画家の藤田嗣治と演劇人の小山内薫を持ち、小山内の指導でパントマイム役者のドビュローに関する卒業論文を書いた。シャンソン、サーカスなどフランスの民衆文化や、バレエやフラメンコといった舞踊を研究した。サーカスの名優であるグロックやフラテッリーニ兄弟のパフォーマンスを直に観ていたシャンソン批評のパイオニアであり、ジェーン・バーキンやセルジュ・ゲンズブールら戦後の新世代についても論じていた。『ダゲールの街の人々』が捉えた一九七〇年代は、バーキンやゲンズブールのような新時代の寵児たちがメディアを彩った時代である。

一九六〇年代から七〇年代にかけて、フランスへ留学した日本人たちが数多くいた。映画批評・仏文学の蓮實重彦もその一人だ。あるいは文学者の西川長夫は、一九六八年の五月革命の時パリへ留学し、アルチュセールやバルトらに学んでいる。フランスに最初に舞踏を持ち込んだとされる舞踏家の三浦一壮も、この時パリに滞在し、デモの影響で地下鉄が停止しているのを目撃したと証言した。五月革命の時には、国立劇場オデオン座も学生たちに占拠された。この時の劇場責任者はジャン＝ルイ・バローとマドレーヌ・ルノーだった。[15]映像分野でも活躍する詩人の吉増剛造は、妻のマリリアと一九七〇年にアイオワ大学の国際創作科のワークショップで出会い、フランスのニースで結婚した。吉増の学生時代からの仲間で、第一詩集の序文を書いた仏文学者で詩人の井上輝夫は、ニース大学で文学者のマルセル・A・リュフの下、博士論文を執筆しており、同門には映画評も書いた小説家のル・クレジオがいた。京都大学人文科学研究所のボードレール研究班（代表・多田道太郎）による研究報告の中に、西川と井上のボードレール論がある。そのなかで井上は、ボードレールにおける寓意としての「「屑拾い」の栄光」を論じている。[16] ヴァルダの『落穂拾い』（二〇〇〇）は、映像によるボードレール的な寓意の表現といえるだろう。

フランスのフェミニズム映画の系譜に、アニエス・ヴァルダの作品が位置づけられることがある。彼女は政治的なドキュメンタリーも発表した。六〇年代後半に参加したオムニバス映画『ベトナムから遠く離れて』（一九六七）に続いて、米国の黒人運動を撮影した『ブラックパンサーズ』（一九六八）があり、『ダゲール街の人々』と同じ一九七五年には、監督・脚本を手掛け、出演もしたフェミニズム的な短編映画の『女性たちの返事』もある。その意味では、時代の人として、社会変革を込めたメッセージを発信しているといってよい。当時は、ポストモダニズムが丁度登場しつつあった時期で、哲学者のジャン＝フランソワ・リオタールは『ポストモダンの条件』を一九七九年に刊行した。

『ダゲール街の人々』は、ヴァルダの『女性たちの返事』のような政治的なドキュメンタリーほどには、社会的な問題意識や批判性は強くない。後者はフェミニズムの考え方を発信し、前者は無名な一般市民の描写が中心である。両者は対照的である。また、ヴァルダはパリの都市の装飾を巧みに用い、作中に多く記録したことでも知られる。その中でもカリアティードに着目した短編『女像柱』（一九八四）では、街中の女像柱を文化史のように解説し、それらが建造された起源を説明する。一九世紀のパリの女たちの姿がこれらの柱には刻みこまれている。女性のイメージを語り、古典回帰を背景とする詩を発表した詩人・劇作家・批評家のテオドール・ド・バンヴィルが、第一詩集に『女像柱』というタイトルをつけたことが想起される。映画のなかでは、柱の像のように女たちが頭上に荷物をのせて歩く姿が挿入される。

アーティストとしてのヴァルダと『顔たち、ところどころ』

二一世紀になり、フィルム・メイカーからアーティストへと変貌を遂げたヴァルダが発表したのが『顔たち、ところどころ』（二〇一七）である。この作品は現代美術家のＪＲとのコラボレーション作品として制作された。彼はストリート・アーティストで、民衆の写真を街中に展開するアートプロジェクトで知られており、どことなくヴァルダとスタイルが似ている。[17] カメラを模した外装で写真スタジオも備えるＪＲのトラックで、ふたりはフランス各地を巡回する。ロードムービーの体裁である。この映画では、街で撮影した市民の顔を壁に貼りだす活動が紹介される。プロジェクトは被写体の人々の生活の場で展開し、ＪＲのおこなう活動は広義のインスタレーションといえ、それをヴァルダがヴィデオで撮影していく。

『顔たち、ところどころ』には、無名の人たちの姿を描くという意味で、『ダゲール街の人々』の体験が反映されている。サン＝トーバンという地域の、具体的な地名ははっきりとわからない町や村のそれぞれで、生き生きと生活する市民の姿が記録される。ヴァルダの想い出の場所、工場、港湾労働者の夫婦、郵便配達員、労働者の表情など。人間だけでなく、家畜である山羊や、スーパーの魚も撮影され、人間の眼球も登場する。ルイス・ブニュエルの『アンダルシアの犬』（一九二八）のよく知られたシーンが引用される。大変ユニークなのは、ヴァルダの足の指を撮影し、指の巨大写真を貨物列車にプリントする場面である。

作中、若い時に山羊と父子の写真を撮ったことを、ヴァルダが山羊を見ながら思い出すシーンがある。そこへＪＲがかつて経験した浜辺での想い出をリンクさせる。『ダゲール街の人々』は各シーンを音や人物がつなげる編集だったが、この作品でも同じように、一つ一つのエピソードをなめらかにリンクさせる。老境の女性監督の感覚を、ＪＲの行動力や制作力がカバーするという意味では良い出会いだといえる。ゴダールの『はなればなれに』（一九六四）を皮肉った演出として、ヴァルダとＪＲが一気に美術館を走り抜けるシーンもとても印象的だ。

『顔たち、ところどころ』では、フランスの写真家や映像作家たちのエピソードが数多く語られる。その中でも、ギイ・ブルダンの写真とその制作風景について触れるシーンは、手がこんでいるという意味で特筆に値する。ふたりがゴダールを訪ねる場面になると、ヴァルダがゴダールの主演で撮った短編『マクドナルド橋のフィアンセ』（一九六一）の映像が引用される。ゴダールもJRも、仕事の上で黒メガネを決して外さず顔を見せない。おまけにJRは黒帽子もとらない。唯一、映画の終わりの方で、ゴダールに会えず落胆するヴァルダを見て、JRは眼鏡を外して優しく接するが、スクリーンに彼の素顔は映しだされない。

また、『顔たち、ところどころ』には、『ダゲール街の人々』と同じように、イメージや夢に対する考察がふんだんに含まれている。かつてバシュラールに学んだヴァルダは、テクノロジーを駆使し、ユニークな作風の作品を生みだした。『アニエスによるヴァルダ』では、ヴァルダは「記憶論」の観点から語られることが多い、現代美術家のクリスチャン・ボルタンスキーの作品へ共感を示す。若き日にヌーヴェル・ヴァーグの左岸派として知られたヴァルダは、ドキュメンタリーや劇映画といった表現の枠組みに収まることなく、後年には空間構築を伴った視覚表現へと到達した。「記憶」が自分の主たるテーマであったと、『アニエスの浜辺』（二〇〇八）のなかで彼女は語る。この作家が描きだす記憶とイメージの世界の可能性を考えることは、二一世紀の記憶論、メディア研究やAI時代の民衆文化や文化史の考察にとっても意義がある。ヴァルダの仕事を新時代の中で再考することが重要だ。

註

1　矢橋透『ヌーヴェル・ヴァーグの世界劇場——映画作家たちはいかに演劇を通して映画を再生したか』フィルム

アート社、二〇一八年、一一―四九頁。

2 Françoise Wera, "Interview with Agnès Varda", in *Agnès Varda: Interviews*, T. Jefferson Kline (ed.), University Press of Mississippi, 2014, p. 123. このインタビューは一九八五年に行われたものである。

3 ロラン・バルト他『プレテクスト ロラン・バルト』諸田和治訳、日本ブリタニカ、一九八〇年、七五―九七頁。およびロラン・バルト「マクベス」『ロラン・バルト著作集 2 演劇のエクリチュール――1955-1957』大野多加志訳、みすず書房、二〇〇五年、四九―五一頁。

4 Gordon Gow, "The Underground River", in *Agnès Varda: Interviews*, pp. 42-43. このインタビューは一九七〇年に行われたものである。当時のヴァルダのバシュラールに関する記憶が登場する。

5 アニエス・ヴァルダ『アニエス・ヴァルダによるジェラール・フィリップ』掛尾良夫編、キネマ旬報社、一九九八年。

6 「尾上菊音インタビュー（仮題）」吉田悠樹彦・藍本結井共編、未刊行。インタビューは二〇一八年六月に行われた。尾上菊音は篠原治（二代目都一広）やまり千代といった新橋芸者衆と東をどりの稽古などで深く交流し、自身も尾上流の特質といえる品格と艶、そして洗練を『葵上』『羽衣』などで示した舞踊家である。

7 渡辺淳『スペクタクルの60年代』平凡社、一九八七年、一二―一四頁。ヴィラールについて次の研究書も詳しく分析をしている。ジャン・デュビニョー『スペクタクルと社会――劇的想像力の社会的機能について』渡辺淳訳、法政大学出版局、一九七三年。

8 Rebecca J. DeRoo, *Agnès Varda between Film, Photography, and Art*, University of California Press, 2018, p. 23.

9 園山水郷『シネマ・ミリタンと女性映像作家』パド・ウィメンズ・オフィス、二〇一三年。

10 清岡卓行「ダゲール街二十二番地」『現代詩手帖』三三巻（一号）一九九〇年一月、四八―五二頁。森三千代『巴里アポロ座――長篇小説』隅田書房、一九四七年、七三―一〇二頁。金杉恭子「パリ・マジックVSダゲール街の人々

――アニエス・ヴァルダのドキュメンタリー」『広島修大論集』五一巻一号、二〇一〇年九月、一―一九頁。金杉論文は作中に登場するマジックショーと街の関係について論じている。
11　クエンティン・バジャック『写真の歴史』伊藤俊治監修、遠藤ゆかり訳、創元社、二〇〇三年、一九頁。
12　遠山純生「解説　ダゲール街の人々」、アニエス・ヴァルダ『アニエス・ヴァルダ作品集』シネマクガフィン、二〇二〇年（映像ソフト）。
13　渡辺芳也『パリ・ミュゼット物語』春秋社、一九九四年、九四―九七頁。
14　遠山純生「解説　ダゲール街の人々」、アニエス・ヴァルダ『アニエス・ヴァルダ作品集』シネマクガフィン、二〇二〇年（映像ソフト）。
15　西川長夫『パリ五月革命私論――転換点としての68年』平凡社、二〇一一年、一七一頁。
16　井上輝夫「「屑拾い」の栄光」『ボードレール・詩の冥府』多田道太郎編、筑摩書房、一九八八年。この本に西川は「群衆の発見」という論考を寄せボードレールを群衆という視点から論じた。後に西川が提起した国民国家論は後年の井上に影響を与えた。
17　*JR: Chronicles*, Maison CF, 2019.

虚構と自然のはざまで

『幸福』に見るアニエス・ヴァルダの視線

若林良

「女性監督」としてのヴァルダ

アニエス・ヴァルダの初期の傑作『幸福』（一九六五）について、まずはそのタイトルから見てみよう。原題は *Le bonheur* であり、つまり日本語のタイトルは、原題を直訳したものにほかならない（たとえばヴァルダの盟友である、ジャン＝リュック・ゴダールの長編処女作『勝手にしやがれ』〔一九六〇〕の原題が *À bout de souffle* であったこと、つまり、「息切れ」といった程度であったその意味合いが、日本ではよりスタイリッシュに改変されたこととは対照的であろう）。すなわち、監督であるヴァルダ自身が「幸福」という概念への何らかの批評性の顕現を、本作で試みたことは自明であるように思われる。

それは狭義には、男性主体の社会への警鐘である。当時の社会状況をつぶさに検証することは、紙数の都合で控えさせていただくが、一例として、当時のフランス映画界においては、ヴァルダのような「女性監督」はけっして一般的な存在ではなく、映画の制作においては、男性がつねに主体となるような——いわば男性のみが作り手としての「幸福」を享受できるような——状態が長きにわたって続いていた。ヴァルダ自身にしても、一九五五年に『ラ・ポワント・クールト』で映画監督としてデビューを飾って以来、女性の作り手としては、ほとんど映画界で孤軍奮闘を続けているような状況であった。ヴァルダ自身はそうした状況について、のちに「映画は本来男の仕事であり、男がシナリオを書き、男が演出をするというのが伝統であったために、どうしても女性蔑視の傾向が強い。しかも、この女性蔑視の傾向は女性たちからも受け入れられてきたのです。そのうえにそもそも文化というものが成立してきたわけです」[1]と語っている。

そのような状況に一石を投じたのは、一九六八年の五月革命であり、それに端を発したＭＬＦ（女性解放運動）であっただろう。男性中心主義をはじめ、当時の社会的モラルへの疑念が強まった結果、フランスでは若い世代や女性の発言がより許容される空気が醸成されていき、六八年から七四年にかけては、一四人の女性監督が輩出されるという分岐点が生まれた。[2]ヴァルダ自身も同時期には、一九七一年に中絶と避妊の自由を要求した「三四三人のマニフェスト」にカトリーヌ・ドヌーヴらと並んで名を連ねており、また作品においても、たとえば『歌う女・歌わない女』（一九七七）においては、ボビニー裁判（レイプにより妊娠した一六歳の女子学生が、中絶したことにより起訴された裁判）のデモのシーンを作中で描き、それに先立つテレビ作品『女たちの返事』（一九七五）では、男性が定義したジェンダー観の一義性を、さまざまな女性たちの証言や、女性のエロティックさを強調した広告への懐疑などを通して露わにしている。ヴァルダ自身は『歌う女・歌わない女』の頃を境にして、社会的メッセージを発するような姿勢がしだいに認識されるようになるが、[3]先行する『幸福』にもまた、男性中心社会を批判する何らかの目配せを含めようとしたことは想像に難くない。

『幸福』のストーリーライン

もっとも、タイトルが伏せられ、かつ、こうした背景がまったく知らされなかったとしても、『幸福』の観客が、本作がいわゆるフェミニズムの考え方に立脚したものであると解釈することは自然だろう。それはストーリーラインからしても明白だ。

『幸福』のストーリーは、端的に言えば「家族の構成員の変化」を描くものである。建具屋のフランソワと妻のテレーズは、男女ふたりの子どもを持つ仲睦まじい夫婦で、それは冒頭の、家族でピクニックに行くような場面からもうかがえる（夫婦を演じたジャン＝クロード・ドルオーとクレール・ドルオーは実際に婚姻関係にあり、

『幸福』Le Bonheur

ふたりの子役も実際に彼らの子どもたちであった)。しかし、彼らを取り巻く状況は、フランソワが夏のある日、郵便局で働く若い女性・エミリーに出会ったことで一変してしまう。ふたりは惹かれあい、やがて性関係を持つようになる。エミリーはフランソワに妻子があることを知っており、家庭を壊す意図はないものの、この関係は続けたいと告げる。しかし、やがて家族のピクニックの場において、フランソワはエミリーとの関係を、特に悪びれもせずテレーズに打ち明ける。

そこでのフランソワは、テレーズも変わらず愛しており、テレーズと別れる意志はないことを主張する。少しの逡巡ののち、テレーズもそれを受け入れたかに見えたものの、彼女はやがて、池で水死体となって発見される。その死因は事故なのか自殺なのか(他殺である可能性もなくはないが、限りなく低いものだろう)、映画で明かされることはないものの、フランソワはその死を自殺とは解釈せず、そののち、家庭には死んでしまった妻の代わりにエミリーが加わることとなる。子どもたちも自然と彼女を受け入れ、新しく一家四人の生活がはじまるのである。

こうしたストーリーラインのみで解釈をするならば、本作は倫理観の欠落した男の残酷さ、ひいては夫にとっての妻が代替可能な存在でしかないことの残酷さを描くものであり、それは前述した「男性主体の社会への警鐘」とのつながりを見せるだろう。じっさいに本作はフランスでの公開時、道義的に好ましくない作品とみなされ、一八歳未満の観客は鑑賞を禁止されている。

ヴァルダ自身の言によれば、彼女は『幸福』について「男性社会における夫婦の機能と妻の位置のもろさを描いたもの」[4]と語り、またテレーズの死については、「それは彼女が寛大で、他人の、つまり夫と愛人の、幸福を願ったからにほかなりません。彼女は不幸だから死んだのではなく、自分と他人の幸福を最大限に実現するために自殺したのだと言えるでしょう」[5]と語っている。単に物語の意味や、作者が意図したイデオロギーの「答え合わせ」をするのであれば、ここで話を終えてもよいだろう。とはいえ、そうした解釈のみでは、この映画の本質的な豊かさ、すなわち、映像や音響の効果を宙吊りにしたままに終わってしまう。結論から先に述べれば、この映画の最大の特色は、そのストーリーにあるのではない。むしろ、その映像や音響がもたらす、物語の「悲劇の無化」にある。

ここで誤解のないように付言しておくと、以下で詳細に述べる「悲劇の無化」とは、監督であるヴァルダ自身も意図しなかった効果というわけではない。じっさいに彼女は『幸福』について、前述の発言に加え「罪の意識などまったく存在しない単純で自然な人間の世界を描いてみた」[6]と語っている。ただ、そうした抽象的な概念を映画に落とし込む過程でどのような創意工夫が生起するか、それを詳らかに検証することは、ヴァルダの作家性を考察する上で確かな意義があるはずだ。

色彩について

『幸福』が日本で公開されたのは、フランスから一年遅れての一九六六年六月である。日本でもおおむね好評を受け、映画雑誌『キネマ旬報』の年間映画ベスト・テンでは、外国映画部門で第三位にランクインしている。では、当時の世評にはどのようなものがあったのか。たとえば小説家の遠藤周作は、本作の物語を「これぐらいの話なら日本の中間小説雑誌の頁をひらくとワンサ、ワンサ載っている」としたうえで、「中間小説の内容を映画的映像にする時、どうなるか。それはもう立派な映画にもなりうる。だから、この映画でみるべきものは内容ではなく、この監督の映像だけである」[7]と語っている。

いわゆる映画学の観点からすれば、遠藤のこうした指摘は特に目新しいものとは言えないだろう。しかし、傑出した小説家でありながらも、映画批評を専門とするわけではない遠藤が、公開の時点ですでにこうした指摘をおこなっていたことは、『幸福』のストーリーの凡庸さというよりは、むしろ『幸福』がストーリーの枠外にある映像、ひいては音響の魅惑に満ちた作品であることを逆説的にあらわす、ひとつの証左であるように思われる。

では、遠藤の言う「映画的映像」とは何か。遠藤自身は『幸福』における映像の具体的な細部については言及していないが、同時期、映画評論家の秦早穂子は「ルノワールを思わせる」と、『幸福』の特徴的な色彩に着目している。[8]こうした指摘は『幸福』の特色を説明する際に頻出し、[9]色彩の豊かさがひとまず、本作の「映画的映像」と合致していると見てもいいだろう。

『幸福』を画家オーギュスト・ルノワールと結びつける補助線としては、ルノワールの絵画の特色のひとつである自然光の豊かさなどに加え（そういえば、本作には夜のシーンは一切存在しない）、本作の序盤、テレビ画面に登場する映画『草の上の昼食』（一九五九）が機能する。監督であるジャン・ルノワールは言うまでもなく、オーギュスト・ルノワールの息子であり、『草の上の昼食』はオーギュストとの親交も深かった、印象派の画家クロード・モネの《草上の昼食》に想を得た作品である。また、『幸福』には冒頭を含め、その要所要所にひまわりが姿を現す。ひまわりはモネらに続くポスト印象派の画家フィンセント・ファン・ゴッホが、作品の重要なモチーフとして取り上げたことで知られている。これらの点からも、『幸福』にルノワールをふくめた、印象派以降の先人たちに通じる横顔を見ることはさして難しくはないだろう。ヴァルダ自身も、自らの表現者としてのキャリアを回想する遺作『アニエスによるヴァルダ』（二〇一九）において、『幸福』では印象派を意識したことを自ら語っている。

では、色彩の豊かさとは、具体的に何を指すのだろうか。登場人物の衣服における色のバリエーションなどももちろんだが（たとえばテレーズの衣装は黄色が多く、いっぽうでエミリーの衣装は青を基調としている）、大きくは冒頭のひまわりに代表される、作中の自然の存在であると言えるだろう。緑鮮やかな木々や色とりどりの花々が、本作では頻繁に姿を見せる。そして、本作における自然は、ときおり人間よりも確かなプレゼンスを発揮する。

作品の冒頭からして、それは顕著である。あらためて見てみよう。そこではまず、出演者やスタッフのクレジットタイトルとともにひまわりが前面に出され、クローズアップされたひまわりの姿と、やがて画面の手前に向かって歩いてくる一家四人の姿がカットバックで映される。しかし、一家の姿は輪郭がぼやけたものとなっており、しだいに彼らの姿は大きくなるものの、ひまわりが画面の中心という印象は、この一連のシーンで崩されることはない。

そして、こうした構図は、ラストシーンにもまた通底するものである。そこではすでにテレーズの姿はなく、代わりに家庭に入り込んだエミリーがフランソワ、そして子どもたちと手をつなぎ、画面の奥へと歩いてゆく。すでに夏が過ぎ去り、秋を迎えており、黄色に染まった木の葉が、むしろ画面の中心であるかのような鮮やかな印象を残す。季節のうつろいと家族の変化が等価なものという、あるいは、本来なら映画の中心になりうる人間の変化よりも、むしろ自然の変化の方が前景化している印象がもたらされるのである。これが第一の「悲劇の無化」であるが、もう少し自然について詳しく見てみよう。

「自然の映画」としての『幸福』

　クレジットタイトルが終わり、それから一〇分ほどの、作品の画面に着目してみる。本作は公園でのピクニックのシーンからはじまるため、そこで周囲の木々が画面に映りこむことは自然であるものの、やがて一家が車に乗り、公園を離れてからも自然は画面のなかに現れる。具体的には、一家が訪れた親戚の家において、まず家の主人が家庭菜園で植物に水をやっている姿が映され、ついで室内においては、先述の『草の上の昼食』の一場面がテレビで流れる。『草の上の昼食』は「風と水と草木が戯れる、夏の日の光彩画」[10]とも形容されるように、画面の通奏低音として自然はほぼつねに作中で姿を見せており、流れる場面もまた、草木の中で男女が寝転びながら話し合うシーンとなっている。家の窓から姿をのぞかせるひまわりや、テレーズがプレゼントとして持参する花束もふくめ、冒頭のわずかな時間で、『幸福』は「自然の映画」としての輪郭を私たちに了解させていくかのようだ。

　それから終盤までにおいても、自然の存在感は顕著といえよう。公園での散歩や屋外でのダンスパーティー、知人宅でのホームパーティーなどで、木々の姿は数多く画面に映りこむ。また、フランソワの大工仕事で発生したおがくずや、エミリー宅の花瓶に飾られた花がクローズアップされることもある。本作における自然は、基本的には登場人物の、ひいては舞台となったパリ郊外の生活空間に存在するものであり、舞台装置としてはさほど凝ったものではない。とはいえ、やはりヴァルダの自然へのこだわりは、私たちには色濃く感じられてくる。

「ありのまま」の性

　ヴァルダにとっての自然は、おそらくは何らかの感傷をまじえることなく、「ありのまま」に人間をとらえるための重要な装置である。「ありのまま」の視線は後年の作品になるほど顕著となり、たとえば『冬の旅』（一九八五）における遺体袋に詰められた主人公モナの身体をとらえたショットや、『ジャック・ドゥミの少年期』（一九九一）における、晩年のエイズに侵されたドゥミの、手や顔のしみをほぼ即物的にとらえたショットにそれは当てはまるだろう。それらの作品にもまた自然――『冬の旅』においては農村や畑、『少年期』においてはヴァルダが「心の中の風景」と語り[11]、いくつもの作品で重要なモチーフとなった浜辺――が背景として、確かなかたちで息づいていた。『幸福』においても、テレーズは公園の池という、まさに自然の中でその命を終える。こうした自然の前景化は、人間を特別な存在としてとらえるのではなく、あくまでも自然を構成する一要素に過ぎないものとしてあつかう、ドキュメント性を重んじる作家的態度と言えるかもしれない。

そして、ヴァルダの「ありのまま」の視線は、『幸福』では、性へのまなざしにおいてとりわけ強く感じられる。本作はセックス・シーンが比較的多めだが、前述のように作品の背景には自然が多いこともあってか、日常から乖離した特別な行為という印象は薄く、またピクニックの場など、まさに自然の中でセックスが行われることもある。また、知人宅のホームパーティーでは授乳シーンも登場するものの、その場にも木々の緑の鮮やかさも手伝ってか、エロティックな意味合いは薄まっており、むしろ生命の連環を言祝ぐような、多幸感にあふれたものとなっている。冒頭の公園のシーンでちらりと映される妊婦の姿や、街路樹や小鳥の声を背景とした結婚式のシーンなども、さまざまなセックス・シーンの「自然の中の性」という印象を強めるかのようだ。

『幸福』における、フランソワとテレーズの最後のセックスは、前述のピクニックの場においてである。フランソワはテレーズに愛人の存在を打ち明けたのち、草原に敷いたシートのうえで、妻の体をまた求めていく。そののち、フランソワは眠りにつき、テレーズは夫のもとから姿を消す。すなわち、ピクニックでのセックスは、結果的には夫婦の別れの儀式のような意味合いも付与されていたわけだが、そこでも行為における夫婦の楽し気な表情もあってか、悲劇の色はほぼ払拭されたものとなっている。

いささか唐突だが、同時期の日本で公開された『幸福』と対を成す映画として、三島由紀夫の『憂国』（一九六六）を挙げたい。小説家であった三島が、生涯で唯一監督した二八分のプライベート・フィルムであり、一九六一年に発表した自身の短編小説を原作としている。二・二六事件で仲間から決起に誘われず、事件に携わった彼らを叛乱軍として討伐しなくてはならなくなった軍人・武山信二が、苦悩のあげく新婚の妻・麗子と心中するという物語であり、三島自身が脚色、および主演も務めている。

『憂国』はフランスで公開された際には「あるいは愛と死の儀式」とタイトルに付与されているが、本作もまた、セックスが大きな要素となる。死を間近にした信二と麗子は激しく互いの肉体を求めあい、その交わりによって最後の悦びを堪能する。そののち、信二は腹に短刀を突き刺し、麗子もまた短刀で自らののどを突くのだ。

『憂国』を貫くのは「様式美」と言える。本作のセットはリアリズムではなく、能舞台に見立てた簡素なものであり、目立った装飾としては後方の壁に「至誠」と書かれた掛け軸が配置されているのみである。また、本作には台詞はなく、物語はすべて三島自身が執筆した巻物の文章で説明されることとなる。セックスにおける顔や指、髪などのお互いの身体の部位のクロースアップはリアルな印象を残すものの、ふたりの全身をとらえたショットはほぼなく、またモノクロームで構成されていることもあってか、その世界はどこか生活感に乏しく、むしろセックスには、象徴的な意味合い、ひいては悲劇性が色濃く刻印されることとなる。少なくとも、その先の死を前提としている以上は、信二と麗子のふたりにとってはセックスを単なる日常の延長線上の行為に回収させることは難しく、これは『幸福』のセックスのあり方とは対照的であるだろう。国文学者の守安敏久は、『憂国』はその禁欲的な単純化によって「『交情』のオブジェ化」が導かれたと語るが、[12]これは作品に対する否定的な言辞ではなく、むしろ人工性や構築性にあふれた耽美的な作風が評価される「三島らしさ」の像と合致していると言えるだろう。ドキュメンタリー作品も多い、自然を重視した「ヴァルダらしさ」とは対照的である。このふたつの作品を並べることで、両者の作家的資質はよりくっきりと浮かび上がる側面があるかもしれない。[13]

なお、三島と『幸福』の対照性を考える上では、これも同時代の一九六五年に発表された、三島の代表的戯曲『サド侯爵夫人』もまた興味深い。本作はフランスでも幾度か舞台公演が行われているが、そのラストにおいては、夫に貞節を尽くしてきたサド侯爵夫人・ルネは出獄してきた夫と会うことを拒み、永久にそのもとから離れることを決意する。これは（前述のヴァルダの言を借りれば）夫の幸福のために最後には死を選んだ、『幸福』のテレーズの姿勢とはちょうど真逆のものとなっているのである。

モーツァルトの音楽の果実

さて、『憂国』に「生活感の乏しさ」を与えているのは、全編にわたって鳴り響くワーグナーの『トリスタンとイゾルデ』の存在もあるだろう。どこか荘厳な印象を受け、日常からの乖離をより促しているように感じられる。それは軽快さが核をなす、『幸福』の音響とはまさしく対照的である。

『幸福』における音響はじっさい、無視することはできないものである。その軸をなすのが、モーツァルトの『クラリネット五重奏曲 イ長調 K. 581』や『アダージョとフーガ ハ短調 K. 546』だ。モーツァルトの音楽は、映画においてはどこか楽し気な、その場の空気を肯定するような印象が強く、たとえばロベール・ブレッソンの『抵抗（レジスタンス）―死刑囚の手記より―』（一九五六）が、その好例として当てはまるだろう。『抵抗』では「脱出」が軸となり、ドイツ占領下のフランス・リヨンにおいて、フランス軍レジスタンスのフォンテーヌ中尉がドイツ軍に捕えられ、モントリュック刑務所に投獄されることが物語の起点となる。さまざまな苦難ののち、フォンテーヌは脱走兵の少年ジョストとともにモントリュックからの脱獄に成功し、その瞬間、モーツァルトの『ミサ曲 ハ短調 K. 427』が鳴り響く。ちょうどそれは、ふたりの前途を祝福するような意味合いを持つのである。

いっぽうで『幸福』におけるモーツァルトは、むしろ「悲劇の無化」の方向に働くと言っていいだろう。いくつか例を挙げると、親密な仲になったフランソワとエミリーが口づけを交わすシーンや、フランソワがテレーズに愛人の存在を告白し、テレーズがそれを受け入れる由を語るシーンでの伴奏にそれは顕著だ。前者におけるモーツァルトは、一般的な道徳からは外れたフランソワの行動への違和感を払拭させることに奏効し、また後者では告白によって生じた、ふたりの心理的な溝が解消されたかのような印象を生起させることとなる。

さらに興味深いのは、テレーズが死に、その葬儀が終わったあとの会食の場面である。母親が死に、残された子どもたちの処遇をどうするかがそこでは語り合われるが、ここでも引き続き、モーツァルトの楽し気な伴奏は画面に付随する。これにより、本来であれば陰鬱さをまとった喪の場が、むしろ何気ない家族の団らんの場のように転換がなされることとなる。

音楽家のミシェル・シオンは、モーツァルトの音楽が映画では、「とりわけ恐ろしい、邪悪な、不吉な状況」[14]に使われるパターンがあると述べており、おそらくは『幸福』におけるモーツァルトも、またそのような使用例に合致するだろう。これにより、少なくとも表面的には、登場人物の負の感情が強調されることは回避され、あくまでもおだやかな日常の中に、浮気や死も溶け込んでいるような印象がもたらされるのである。

アニエス・ヴァルダの根底にあるもの

『幸福』自体は劇映画であるため、その演出には「ありのまま」を離れた作為的なものも感じられる。大きくは、最初と最後のシーンの対照性であろう。ピクニックに訪れる家族の構成員は、テレーズがエミリーに変化し、それにともなった「違い」、すなわち、四人が横並びに歩くその順序の違いや、身にまとう服の色の傾向の違いを見てとることができる。また、音響の対照性も指摘できる。使用されるのは同じ『アダージョとフーガ ハ短調 K. 546』だが、冒頭では管楽器のみで演奏されていたものが、ラストでは対照的に弦楽器のみで演奏されており、そうした区別によって、それぞれ画面には異なった印象が醸成されている。とはいえ、この映画の根底にあるのは、余分な批評をまじえずに人間を観察する、そのドキュメント性だと言えるのではないだろうか。

『幸福』はベルリン国際映画祭で銀熊賞、フランス国内においてはルイ・デリュック賞を受賞し、ヴァルダの映画監督としての名声を不動のものとした。ヴァルダ自身はその後、アメリカでの黒人解放運動、また帰国後のフランスにおけるフェミニズム運動への参加、エイズによる夫ドゥミの死などを経て、活動の場を劇映画から、自身の日常を映したドキュメンタリーに徐々に移行させていくことになる。それは彼女の関心を考えれば、ごく自然なことであっただろう。

『幸福』をフェミニズムの、ひいては社会批評の観点から考察することももちろん有意義ではある。しかし、それのみならず、フィクションとドキュメントの、ヴァルダの結節点として考察することも、同様に意義のあることと言えるのではないだろうか。フェミニストとして語られることの多いヴァルダだが、自身のディスクールを「女であることのみ」[15]と語るように、その根底にあったのは観念的な社会思想以前に、あくまで自身が生きるうえでの自然な感覚であり、ヴァルダは個人としての素朴なまなざしから、女性差別をはじめ、人間の平等な幸福を阻害する社会への問題提起を続けた。物語そのものがはらむ残酷さから、先鋭的な作品にも思われがちな『幸福』だが、その軸はあくまで人間を「ありのまま」に見る、ヴァルダの一貫したまなざしにあったのである。

註

1　山田宏一『映画とは何か——山田宏一映画インタビュー集』草思社、一九八八年、四四四頁。またここで語られる「女性蔑視の傾向」とは、旧来のフランス映画の女性像に幅がなく、ステレオタイプな描写が主流であったことも また含まれるだろう。

2　中川洋吉『カルチエ・ラタンの夢　フランス映画七十年代』ワイズ出版、一九九八年、一二一—一八頁、一六四頁。

3　たとえばフランス文学者・映画評論家の中条省平は「理性と予感の人——追悼 アニエス・ヴァルダ」（『キネマ旬報』キネマ旬報社、二〇一九年六月下旬号）という秦早穂子との対談のなかで、「（ヴァルダは）『歌う女・歌わない女』のあたりから社会に対して物申す、闘争者みたいなオーラを発し始めますよね」（四六頁）と語っている。

4　林冬子「世界の女性監督・フランス」吉田真由美他『女性監督映画の全貌』パド・ウィメンズ・オフィス、二〇〇一年、一〇〇頁。

5　山田宏一『増補 友よ、映画よ——わがヌーヴェル・ヴァーグ誌』平凡社、二〇〇二年、三六三頁。

6　同書、三六四頁。

7　遠藤周作「アニエス・ヴァルダの『幸福』」『世界』岩波書店、一九六六年八月号、二九五頁。

8　秦早穂子「幸福」『映画の友』映画の友社、一九六六年四月号、一六六頁。

9　たとえば日本公開当時の『幸福』のポスターでは、「鮮やかな色彩」「その幸せは鮮やかに花びらのしずく」といった文言が見られる。

10　「ジャン・ルノワール『草の上の昼食』4Kレストア版、2019年5月31日（金）ブルーレイ&DVD発売」<https://www.youtube.com/watch?v=fSsXhypMSJg>の中にそうした表現がある（二〇二一年五月二〇日参照）。

11　『アニエスの浜辺』ミッドシップ販売DVD版日本語字幕より。

12　守安敏久「三島由紀夫の映画『憂国』――書／器官／仮面／楽土」『宇都宮大学教育学部紀要』、六〇号、一〇頁。

13　『憂国』は一九六六年、フランスのトゥール短編映画祭の劇映画部門に出品され、審査員からの称賛をあびたが、同映画祭はヴァルダとその後パートナーになったジャック・ドゥミの出会いの場でもあった。三島とヴァルダがお互いの存在をどの程度認識していたかは定かではないが、こうした点に何らかのミッシング・リンクを感じることも可能ではあるだろう。

なお、『憂国』は三島が一九七〇年、陸上自衛隊市ヶ谷駐屯地東部方面総監部で割腹自殺を遂げたのち、夫人の平岡瑤子の意向によってプリントが破棄されることとなった。彼女の死去ののち、三島家で『憂国』のネガプリントが発見され、ＤＶＤとして『決定版 三島由紀夫全集 別巻』（新潮社）に収録されたのは二〇〇六年。公開から四〇年を経たのちの話であった。筆者が『憂国』を鑑賞したのは、このＤＶＤにおいてである。

14　ミシェル・シオン『映画の音楽』小沼純一・北村真澄監訳、伊藤制子・二本木かおり訳、みすず書房、二〇〇二年、二三〇頁。なお、ここでシオンが引き合いに出しているのは、リリアーナ・カヴァーニの『愛の嵐』（一九七三）で、元ナチス親衛隊員が、彼による暴行の被害者で今は指揮者の妻になった女性と再会するシーンである。そこはウィーンの歌劇場で、モーツァルトのオペラ『魔笛』が上演されている。偶然とはいえ、ほぼ同世代の（カヴァーニは一九三三年生まれで、ヴァルダの五歳年下である）、かつ国際的な名声を得た女性監督の作品が、音響の演出においてこのような符合を見せることもまた興味深いものだろう。

15　山田宏一『映画とは何か』、四四二頁。

映画の渚、まなざしの記述

菊井崇史

「見る映画」ではなく「読む映画」だと彼女は言った。[1]『ラ・ポワント・クールト』（一九五五）を語ったアニエス・ヴァルダの自作認識は、制作企図ととらえてよいものである。「読む映画」たりうる映画の書きかたが見出された同作は、だからこそ以後、時代の劃期として刻まれる作品となった。表現者として、一人の人として、映画だけでなく文化に「新しい読みかた《レクチュール》」の必要を訴えた[2]ヴァルダの首途にはすでに、「読む」ことを標榜するにたる映画実践がはたされていたのだ。

一九五四年に撮影が開始され、一九五六年にパリで一般公開されたヴァルダの第一作『ラ・ポワント・クールト』の作品紹介の多くには、ヌーヴェル・ヴァーグの先駆、黎明を告げる作品であるという評が並記されている。フランソワ・トリュフォー『大人は判ってくれない』、ジャン＝リュック・ゴダール『勝手にしやがれ』、エリック・ロメール『獅子座』よりも幾年はやく制作されたという事実が引かれ、『ラ・ポワント・クールト』は映画監督としてのアニエス・ヴァルダの出発であり、かつヌーヴェル・ヴァーグの歴史の一頁目にのこされた伝説的な映画だ、という見地が添えられるのだ。ヌーヴェル・ヴァーグという呼称がしめす定義範囲には広狭があるが、いずれにせよ当時ヴァルダの映画実践は、「わたしが初めて映画『ラ・ポワント・クールト』をつくったのは一九五四年のことで、まだヌーヴェル・ヴァーグは存在しなかったときなのです」[3]と自身が述懐するとおり無論、ヌーヴェル・ヴァーグを意識しようはずはなかった。時期だけの問題ではない。映画制作の下積みもなく、作品公開の目処をもたないまま、フランス商業映画に比して僅かな制作費で映画を撮りはじめた彼女が、同作をつくるまで映画への意識そのものが希薄であったことは自身の発言からもよくしられたところだ。「本当のところ、何がわたしを駆り立てて映画をつくらせたのか、わたしにもよくわからないのです」[4]とすら彼女は吐露している。それでもなおというべきか、『ラ・ポワント・クールト』がヌーヴェル・ヴァーグの歴史の一端に登録され、そこに位置づけられる理由、その先行的共時性は確かにあるといえる。ヴァルダ自身多くを学んだという編集を担ったアラン・レネの役割がおおきな要因であることはうたがいえないが、彼女が構想し同作に結実した映画形式にそれを見出すことができるのだ。ヴァルダが告げた「読む映画」、その書かれかたに。

ヴァルダは、元来小説として書くことが念頭にあったというオリジナル脚本をもとに監督を兼任し、『ラ・ポワント・クールト』をつくりあげた。フランス南部エロー県のセートの地中海に面した地域、「短い岬」を意味する漁村の名をタイトルに冠して。第二次大戦中の一九四〇年からの数年間、幼いヴァルダは家族とともにベルギーを離れ、彼女の母親の出身地でもあるセートに暮らした。彼女はゆかりのある、いわば思い出の地を作品の舞台に選んだのだった。

パリでの暮らしからラ・ポワント・クールトに一人帰郷していた夫に会うために妻が同地を訪ねてくる場面で映画は幕をあけ、以後本編は、二つの視座を織りこんでゆくかたちでその物語を展開する。若い夫婦をとらえる視座を一方、漁村に生きる地元の人々にむけられた視座をもう一方として、それらが交互に配される作品形式をもつのだ。四年の結婚生活に終止符をうつべきか、岐路にたたされた夫婦が同地でともに過ごすひとときが綴られ、かたや、許可なしで漁をする漁師がいないかを調べる衛生検査員とのやりとり、村の子どもの病気と死、ラファエルがアンナに結婚をもとめ受けいれられるといった幾つかの漁村の出来事が描かれてゆく。

半世紀以上多岐にわたるヴァルダの全仕事において、ドキュメンタリーとフィクションの双方を手がけた映画実践はフィクションからはじめられたのだ、と一応はいうことができるだろう。だが、その方法論は先の形式がしめすように、一義的ではない。ラ・ポワント・クールトという場所以外共通点をもたず、タイプの違う二つの映画を組みあわせた構造をもとめたというヴァルダの試行からは、彼女がその後、さまざまなかたちで展開した軌跡が予覚され、その萌芽を見てとることができる。それゆえそこには、ヴァルダが終生手離すことがなかったであろう問題系を、プロトタイプともいうべきかたちで認めることができるのだ。その一つが「視点」である。[5]

「わたしは、自分で映画をつくりはじめた当初から、つねに視点というものについて考えてきたつもりです。（中略）問題は、その違いから何をすべきか、世界をどう見つめてゆくか、ということだと思うのです」[6]とヴァルダは映画制作の端緒、つまりは『ラ・ポワント・クールト』から「視点」への思考を維持していたことを表明しており、二つの映画、彼女のことばでいえば「ある夫婦の内面のドラマ」と「ラ・ポワント・クールトという漁村の生活」[7]を編むという形式は、「視点」の問題に結びつけることができる。「二つの映画」が一つの作品内に配備されることで、映画は必然的に差異をかかえこむ。同作は、差異のコントラストが意図的に巧妙に可視化されている。『ラ・ポワント・クールト』はさまざまなレヴェルで「視点」のドラマといえるのである。

顕著なコントラストの例として、セリフのあつかいや撮影構図がしられるところだ。ヴァルダが写真家として仕事をした関係からパリの国立民衆劇場に出演していた俳優フィリップ・ノワレとシルヴィア・モンフォールといった職業俳優が起用された一方で、非職業俳優も同作には出演し、パリ暮らしの夫婦を演出するにあたり、彼女は感情的な表現よりも朗読的発話をもとめたという。夫婦の会話はときに抽象的、観念的なことばへといちじるしく傾斜し、現実感が僅かにずらされ、哲学的言説にも似た思念へとスライドしてゆく。それは、地元の人々が具体的な出来事に即応したことばをやりとりするすがたとは、対照的に仮構されているのだ。そしてキャメラはその対照性に同期する。二人の関係からつむがれる夫婦の語りでは絵画的であり作為的な構図が強調されるシーンがあり、漁村の営みを記録映画的にとらえたシーンとの差異が、同作内の撮影方法のふれ幅としてきわだつのだ。一つの作品内に「二つの映画」を交互に配するこころみは結果、映画がかかえるコントラストとして、内容の差異だけにおさまることのない、幾つもの対照的エレメントが代入されうる形式を獲得している。フィクションとドキュメンタリー、観念と具体、抒情的思念や個の物語と共同体の出来事、寓話とリアリズム等々がそれである。「形而上的な思想をドキュメンタリーふうに描くのが好きなのです」[8]というヴァルダの発言がのこされているが、彼女の映画実践のはじまりである『ラ・ポワント・クールト』では、「形而上的な思想」と「ドキュメンタリー」が別々に、しかし一つの映画で試行されていたともいえるだろう。ただし、その形式はたんに二項対立の図式を囲うものではない。

「視点」の差異を可視化する対照性は夫婦と漁村の生活のみに線引きされているわけではなく、先にあげたセリフや構図において映画が終始つよいコントラストを維持しているわけでもない。形式に保証された対照性のあらわれには濃淡がある。そのうつろいにこそ「視点」のドラマが生じているといっていい。「視点」の差異は、「ある夫婦の内面のドラマ」の内部にも明確にかまえられている。ラ・ポワント・クールトという地へのまなざしとしてだ。夫に会うために辿りついた妻の「視点」には、夫婦間の心的距離と比例するように、同地への疎外感、不安が反響している。夫は違う。「ここには生きる喜びがある」[9]と彼は言う。「そう思うの？　私は違う」と彼女は言う。彼女は自身を「よそもの」だとも言う。漁村の人々は彼女にめずらしげなまなざしをむける。彼にとっての故郷は彼女にとっての異郷である、という事実が慄然と立ち塞がるラ・ポワント・クールトの光景をまえに彼女は当初うつろなまなざしをむけ、戸惑いの表情を見せる。その地に疎外されているという感情がうかぶ彼女の顔には同時に、同地への薄い拒絶さえにじんでうつる。その距離は離別のおもいをかかえた隔たりとして、彼にもむけられる。私たちは別れるべきよ、私は本気よ、話しあうために来たの、と。固定されてあるかに見える「視点」のありかたはしかし、二人が同地でともに過ごし、会話をすすめるなかで少しずつうつろう。揺れる心情があり、ほどかれる感情がある。彼は彼女を自身の思い出の場所に連れ、幼き頃を語る。よくボート小屋で遊んだと彼は言う。彼女は嬉しそうに彼の記憶がそのまま目の前にひろがるような具象にふれる。父は早死にしたが、今生きていたとしても地道にほそぼそとこの地で働いていただろう、そう告げる彼に彼女は、自身の出自であるパリでの暮らしとの違いを認める。そこには都市文化と漁村の人々の営みの異なりがかさねられてもいる。結果的に彼女彼らは「視点」の違いを認めあうことで、二人の新たな関係を結び直すためのとば口に立つのだった。そして、映画形式が呼応するように、「ある夫婦の内面のドラマ」と「ラ・ポワント・クールトという漁村の生活」という「二つの映画」がそれまでにないかさなりを見せる。

『ラ・ポワント・クールト』をつぶさに辿れば、その形式が二項対立図式に収斂するものではなく、よりこまやかな「視点」の動線をかかえており、それをうつしだす基底となる地こそが、ラ・ポワント・クールトだということがわかる。ひととき、彼女彼らは同じ地にある。だが彼女彼らは決してその地を同じようには見ていない。一つの地の見えかたは一つではない。一つの土地にありながら、いや、一つの土地にあるからこそ白日のもとに晒される複数の「視点」がある。もしも、ヴァルダのいう「二つの映画」が二つの作品に結実されていたならばそうはならなかったはずだ。『ラ・ポワント・クールト』が形式として配備した二の構造は、二以上の複数の「視点」を含有し、「視点」の確認と認識のうつろいをとらえているのであり、それゆえに「視点」そのものをドラマとして成立させているのだ。そうしてはじめて、ヴァルダが同作を「見る映画」ではなく「読む映画」だと告げた真意がつかめるようにおもう。映画の物語のみをおうこと、作中の言語をおうことが映画を「読む」と言い換えられているわけではなく、「見る」ことが「読む」ことに比しうるためには、彼女が映画にこめた物語とともに、映画の形式、構造の意義をあわせて受けとめる必要があるといってよいだろう。「視点」の問題が、内容および形式を離反させない水準で描かれることこそが、この映画の書きかたをささえているのだ。

映画を「見る」ことから「読む」ことへと導くモメントが形式と内容の連環にあるとして、ヴァルダはなぜその構造を第一作で獲得できたのか。先述したとおり彼女は同作を撮るまで映画への意識をつよくいだいていたわけではなかった。『ラ・ポワント・クールト』の編集をするアラン・レネが、映像を見ながらヴィスコンティやアントニオーニ、ロッセリーニ等の名をあげたとき、それらの映画をしらなかったヴァルダは苛立ったというエピソードはしられているが、そんな彼女がいかにして先の形式、構造を映画にもたらすことができたのか、という問いに対するこたえを彼女はあらかじめ自身で表明している。小説によって、である。

ウィリアム・フォークナーの『野生の棕櫚』に着想をえた、ヴァルダは『ラ・ポワント・クールト』についての言及で幾度もそう告げてきた。「わたしはウィリアム・フォークナーの小説に熱中していたので、その時間の芸術に魅せられた結果かもしれません」「映画的な時間を映画的に構成するのではなく、むしろ文学的な時間を映画的に構成してみようと思ったわけです」[10]と。『野生の棕櫚』を読めば、『ラ・ポワント・クールト』がいかにおおきな影響を受けているのかを即座に了解できる。二作間に明確な対応関係を見出せるからだ。影響下に生じながらもその圏域には回収できない独自性を『ラ・ポワント・クールト』からつかみだすためにも、フォークナーの『野生の棕櫚』を補助線として引いておきたい。

一九三九年に出版された小説『野生の棕櫚』は、二個の独立した物語「野生の棕櫚」と「オールド・マン」が章ごとに交互に並ぶ小説であり、この形式がもっとも見えやすい『ラ・ポワント・クールト』の着想源といわれるところである。発表当時から、内容とともに「二重小説《ダブルノヴェル》」[11]とも称された小説形式の意図を巡る議論が起こったが、フォークナー自身の自作認識は以下のようだった。「恋のためにすべてを振りすて、しかもその恋を失うシャーロットとウィルボーンの物語」である「野生の棕櫚」、「愛を手に入れたのにそれから逃げだそうとする囚人の話」である「オールド・マン」とは、なによりも「一つの作品」であり、作品を書きはじめたときには、二つの話をもつものになる想定はなかったが、第一章の部分を書き終えたとき何かが欠けていると気づき、作曲で言う「対位法」のようなものの必要を覚え、二つの話は偶然的必要性から最終的なかたちに導かれた、と。[12]フォークナーは、『野生の棕櫚』が二つで一つであるという側面よりも、あくまで「野生の棕櫚」の物語が主となる本体であり、「オールド・マン」はそれを補完する物語なのだと告げた。「あの物語（「オールド・マン」）は背景的効果を持てばよいものであり、だから人物は固有名詞を持たない。あの人物たちはハリーとシャーロットの悲劇と正反対の動き方を示す人間たちであればよかったのです」[13]とすら彼は認識しているのだ。

示唆的である。フォークナーの自作認識からは、『野生の棕櫚』と『ラ・ポワント・クールト』との共通項と差異が同時に炙りだされる。ヴァルダは『野生の棕櫚』にインスピレーションをえて、そこに編みだされた形式を映画に引き継いだ、が、その形式の意義は書き換えているのである。それは映画と文学の差異以上のものである。たとえばだ。『野生の棕櫚』は本質的に「シャーロットとウィルボーンの物語」だとフォークナーが言ったように、ヴァルダが『ラ・ポワント・クールト』は「夫婦」の物語であり「ラ・ポワント・クールトという漁村の生活」が「背景的効果を持てばよい」と言いうるのかと問えば、彼女の作品はそうではないというこたえるべきだろう。背景効果のために「オールド・マン」があり、それゆえ人物に固有名を持たせないというフォークナーとは逆に、ヴァルダは「夫婦」を匿名存在とし、漁村の人々の幾人かに名を持たせている。『ダゲール街の人々』（一九七五）や『落穂拾い』（二〇〇〇）等からも、市井の人々が彼女にとっていかに大切な存在でありつづけてきたのかは自明である。

『野生の棕櫚』が「二重小説《ダブルノヴェル》」と呼ばれるならば、ヴァルダもまた二重映画《ダブルシネマ》ともいうべき映画を撮った。『野生の棕櫚』という作品を考察するならば、「オールド・マン」の物語がはたして「背景的効果」にとどまるものなのか、「野生の棕櫚」の補完的位相にかぎられるのかは議論が必要だし、その見地はあくまでも作家の自己認識であるが、その自己認識こそがヴァルダとの重要な違いであるともいえるはずだ。『ラ・ポワント・クールト』の形式のあり方もまた補完的機能を備えているのだとあえていうならば、『野生の棕櫚』へのフォークナーの認識のように一方向的なそれではなく、二つが対照的な感触をのこしつつ、互いが互いを補完するという意味において「一つの作品」なのである。二であるところの形式機能が異なるのだ。だから、『ラ・ポワント・クールト』における『野生の棕櫚』の影響を論じきるには形式のみならず、フォークナー文学の文体、小説の磁場等、多角的な思考を必要とするだろう（たとえば、夫婦と漁村の人々の媒介であることをこえて、映画がとらえた同地の場所性に焦点をあわせることもできる。フォークナーがそうであるように、ヴァルダがうつしだしたラ・ポワント・クールトの光景や人々の営みから、土地の声とでもいうべき響きを聴くこと、見ることができるだろう。ながい歳月に晒されたであろう平屋建ての家々、たゆたう海の音、櫂で水をおしすすむ舟のゆらめき、網にかかった魚をつかみ放る手の仕草、女の笑い声の傍で風にはためき靡く洗濯物、日を照りかえす砂地、猫——キャメラがとらえたそれら一つ一つが、この場所でしか射すことのない光、響くことのない音のなかにあり、労働や生活の営みが綴られている。場所の歴史とその現在である。「夫婦の内的なドラマ」と「同じ時間」に描かれるそれらは、形式とは別にヴァルダがフォークナーからまなんだことなのかもしれない）。フォークナーが小説にもたらした作品形式をヴァルダは、意識的にしろ直感的にしろ、形式の意義を独自に書き換えるかたちで映画に引き受けなおした。その過程で「視点」を問題化しうる「新しい読みかた《レクチュール》」をもつ形式、構造を映画に付与したのだ。

ここであらためて『ラ・ポワント・クールト』がその先駆といわれるヌーヴェル・ヴァーグとの連環を考えてみたい。形式とは内容の器にとどまるものではない、という命題を『ラ・ポワント・クールト』が映画実践によって突きつけるとき、作品に内在する批評性、試行の方位は、ヌーヴェル・ヴァーグとの交錯を確固としめしているとおもえるからだ。ここに一つの座談会を参照する。『カイエ・デュ・シネマ』一九五九年七月号に掲載されたゴダール、ジャック・リヴェット、ロメール、ピエール・カスト、ジャック・ドニオル＝ヴァルクローズ、ジャン・ドマルキ参加の座談会「ヒロシマ、われらの愛するあなた《ノザムール》」[14]である。その名がしめすとおり、同座談会はアラン・レネの『ヒロシマ・モナムール』（『二十四時間の情事』）を軸に議論がかわされている。ゴダールらの映画制作、その実践の歴史と照らしあわせれば、この座談会が五九年におこなわれたことの重みが伝わってくる。さらに対象はレネである。ゴダールらが幾度も批評し、議論したレネの作品は、彼らにとって映画の新たなる見地を獲得するための重要な対象という以上に、同時代的伴走者の感をつよく帯びている。以後の彼らの関係においても、いわゆる右岸派、左岸派の違いはあれレネ自身もヌーヴェル・ヴァーグとみなされることに肯定的な意識をもっていたことを想起してもよい。

議論中、ゴダールは「アラン・レネのことを大いに考えさせる映画」として『ラ・ポワント・クールト』をあげており[15]、当然そこにはヴァルダの名が告げられているが、本稿で同座談会からつかんでおきたいゴダールらとヴァルダを結ぶラインは、彼女への直接的な言及箇所ではなく、彼らが映画に見定めようとする映画構造、形式認識にかかわる議論にこそある。参加者の面々は、同作の仕事をヴァルダと同等かそれ以上に、レネの仕事として認識している傾向があり、リヴェットが「ある程度アニエス・ヴァルダはアラン・レネの一部となっています。（『彫像もまた死す』の脚本を共同執筆した）クリス・マルケルもです」[16]と言いのけてしまうほどに重要視されているレネへの敬意を差し引いたとしても、その見解にたいするヴァルダの言いぶんはあるだろうと察するが、座談会で繰りかえしかわされている映画構造、形式の議論は、映画の「新しい読みかた《レクチュール》」の探求そのものであり、『ラ・ポワント・クールト』の編集経験が影響した部分をもつといわれているレネの『ヒロシマ・モナムール』への見地は結果的に、まぎれもなく『ラ・ポワント・クールト』の先行性を証しているとおもえる。

ゴダールは、『ヒロシマ・モナムール』に映画的出典を見つけることは困難であるが、「フォークナー＋ストラヴィンスキーだと言うことはでき」[17]ると告げる。その見解に同意をしめしたリヴェットは、同作が「均衡を探求する」ことや「様々な対照を活用する」ことをその理由にあげている。[18]『ヒロシマ・モナムール』は「すでにほとんどセリー音楽でした。リズム、構造、リズムの系列《セリー》の対立によって作られていたんです」[19]といった発言や、「レネの場合、その再構築は、ふたつの次元に位置づけられているように思います。第一に、主題、劇構成の次元。第二に、とりわけ、ぼくが思うに、映画《シネマ》という概念そのものの次元です」「断片化を隠すのではなく、その反対に、断片化を強調し、そのショットの自律性を強調しつつ、そうするのです。それは二重の動きです」[20]と映画を読みとることで、リヴェットはレネの仕事に自身の思考をくぐらせ、批評を加えてゆく。この認識の幾つかは、直接的言及ではなくとも、『ラ・ポワント・クールト』にあてはまっており、ゴダール、リヴェットらの批評的見地とヴァルダとレネの実践とがリンクし、互いが互いを照射しあうかたちで、同作の先駆性がいあてられているのだ。フォークナー、ストラヴィンスキーの名が引き合いに出されていることからもしれるように、彼らは映画が映画に自足するというかたちで批評を終始してはいない。むしろその既成的視座をゆさぶるものをもとめている。殊に、座談会中、彼らは作品構造への言及とともに、幾度も文学と映画の関係を語っている。もちろん、彼らがもとめる映画と文学の関係は、映画が文学をとりこむといった追従的なものを意味してはいない。彼らの文学への態度は、影響ということにはかたづけられない反省的葛藤を含んだそれであり、いわゆるジャンルに囲われることのない全的な批評を通過し、炙りだされた必需としての時代認識を映画に突きつけながら、実践を更新するという意志にささえられたものだった。通時的に共時的に「映画《シネマ》という概念」を点検し、それを更新することが、当時彼らの切実なる課題であったろうことをうかがわせる見解である。彼らがレネの作品に言及する際、フォークナーの名をあげる理由が、『ラ・ポワント・クールト』を念頭に置いているからか否かは、同座談会を読むだけでは必ずしも明確ではないが、「均衡」「対照」「構造」といった議論中の語彙からもその形式性への意識をつよく見ていたのだと察せられる。いずれにせよ文体や形式への問いを含意しながら、映画を問いただしたことは間違いない。「映画という概念《シネマ》」を「再構築」する契機を見出す意志が、映画経験なしでつくりあげられたヴァルダの『ラ・ポワント・クールト』と、はからずもしかし必然的に呼応したのだ。レネは『ヒロシマ・モナムール』の脚本をマルグリット・デュラスに頼み、映画用の脚本ではなく、イメージがテクストに対して対位法的効果をもつ詩のようにと要請したといわれるが、彼女彼らの同時代的実践は連関していたのだろう。彼らがかわす議論はその一環にあり、ヴァルダの第一作は彼らの問題意識の圏内に刻まれていたのだ。先行世代、先行作品の映画の見方、制作法を問うこと、つまりは「読みかた《レクチュール》」の変革と書きかたの変革を同時にもくろみ、そのためにも徹底的に映画を思考し、試行し、映画内部の変革を外部にすら突きつける姿勢が共有されており、たとえば以後幾十年にわたりゴダールが形式がかかえこむ複数の闘争を映画に課し、実践をおしひろげてゆく、という道ゆきはこの熱と不可分ではいられない。

公開予定のないまま制作された『ラ・ポワント・クールト』はレネの導きもあり、アンドレ・バザンやプロデューサーであり興行主のピエール・ブロンベルジェに見せられ、パリでの公開が決まった。同作がヌーヴェル・ヴァーグの先駆的な位置づけにある作品であるとしたら、ヴァルダの二本目の長篇『5時から7時までのクレオ』(一九六二)は、ゴダールとアンナ・カリーナがカメオ出演していること、制作のいきさつからも、ヌーヴェル・ヴァーグとの同時代的交流をうかがわせる映画である。『勝手にしやがれ』を撮った後ゴダールは、プロデューサーにジャック・ロジエとジャック・ドゥミを紹介し、彼らがそれぞれに『アデュー・フィリピーヌ』、『ローラ』を撮り、その後ドゥミの紹介でヴァルダの長篇映画制作が決まり、『5時から7時までのクレオ』のストーリーが構想され、撮られたのだという。

自身の癌をうたがい診断結果をまつポップ・シンガーのクレオはパリを巡り、友人や見知らぬ人々との交

『5時から7時までのクレオ』

流のなかで、死への恐怖、孤独、他者から見た自己像、実存的不安の心情がうつろってゆく彼女の「5時から7時まで」が描かれている。パリから漁村をおとずれる夫婦を描いた『ラ・ポワント・クールト』から一転し、『5時から7時までのクレオ』ではクレオの道ゆきのなかでパリのすがたが印象的にとらえられた。車中にキャメラがかまえられ、その速度で都市の景観が車窓にうつろう幾つかのシーンは、『ラ・ポワント・クールト』とは異なるリズムを映画にもたらしている。そしてやはり、『5時から7時までのクレオ』でもヴァルダは「視点」の問題を注意深く映画にセットしている。彼女は、クレオが「見られる側から見る側へと変化を遂げる」[21]契機を意識的に演出し、映画を構成しているのだ。とはいえ、第一作と第二作の間には、転換が見られる。その後のヴァルダの仕事をしる者にとっては、一作品ごとの、また一作品内において、一つの形式に縛られないことが彼女のスタイルだともいえるが、『ラ・ポワント・クールト』から『5時から7時までのクレオ』が撮られるまでの間には、ヴァルダにとって重要なモメントが確かにあった。一九五八年に自主制作で撮られた短篇『オペラ・ムッフ』（一九五八）である。ヴァルダは『ラ・ポワント・クールト』のあと、初めてのプロの仕事になったと回顧する数本の観光PR映画を撮り、その間、パリのムフタール街にキャメラをむけ、詩的なイメージとドキュメンタリーの文体をあわせ、台詞とナレーションをつかわずに歌と字幕でつむがれるシネ・エッセイ『オペラ・ムッフ』をつくりあげた。ヴァルダが『オペラ・ムッフ』の意義をふりかえる次の発言は、彼女自身の「視点」への意識における同作の重要性を端的にしめしている。

そのとき、わたしのおなかにはロザリーがいたのです。一九五八年に彼女をおなかに抱えたまま、わたしは自分でキャメラをまわして映画を撮ろうと思った。なぜなら、妊娠という肉体的変化をわたしだけが感じている、その感覚をわたしだけがなまのまま表現できると思ったからなのです。わたしは、このとき、まさに、女であり、映画作家でした。いま思うと、あれは、当時はそれほど自分のなかで明確なものではなかったにせよ、わたしにとって最初のフェミニストとしてのマニフェストだったと思うのです。わたしは妊娠した自分の生理をなまのまま映画に表現したいと思った。教会とか産院とか、そういった場における女のすがたではなくわたし自身の生理と体験にもとづく証言を映像化してみようと思ったのです。[22]

「視点」への認識は、『ラ・ポワント・クールト』の形式、内実に確固と体現されていたが、『オペラ・ムッフ』によって彼女は彼女自身の「視点」をかつてより一層つよく意識したのだろう、そうくみとることができる発言だ。「わたしは、このとき、まさに、女であり、映画作家でした」と言うとき、「視点」の位置は、ヴァルダという一人の人間にずれることなく一致しているのだ、そう彼女は感じている。彼女はその位置において映画を撮った。映画を書いた。彼女は言う。「わたしには一つのパロールしかない、一つのディスクールしかない。

わたしのディスクールは一つであり、それは女としてのディスクールなのです。つまり、女としてのディスクールと映画作家としてのディスクールはわたしのなかで同じ一つのものだということです」[23]「わたしは、男と女の差よりも、個人の差があるだけだということを強調したいのです。だから、わたしの映画では、女があくまでも個人としてふるまっている。社会的にも、文化的にも、男に対してどうこうするというのではなく、一個人の人間として責任ある行動をとろうとしているのです」[24]と。

アニエス・ヴァルダという一人の作家が「視点」において問題とするところが明瞭に述べられている。これらの発言においても、ヴァルダが撮る映画の内実においても、「視点」への意識は、構造への意識と不可分に認識されている。「個人」の「視点」が個々に存在している、実存している、その差異のみを問題としているのでは決してなく、その「個人」や「視点」が生きる現実の構造のあり方そのものを問うているのだ。「映画そのもの、文化そのものに対するそのような新しい読みかた《レクチュール》が必要です」[25]というヴァルダの認識、意志には、現状への否定がつよくかかえこまれている。構造をかえなければ、価値観がその構造のうえで再生産され、維持されることへの危機意識がかかえこまれている。「新しい読みかた《レクチュール》が必要」だと、「価値観の変革のためには、つねに、文化《キュルチュール》に対して反文化《コントル・キュルチュール》が必要」[26]だと告げる彼女の批評は、現実の変革の必要をこそ告げている。彼女は闘う。闘う者とともに生きようとする。誰もがもとめるべき「個人」の「人間としての尊厳」のための闘いとして、フェミニズムの闘いの歴史の証言者たるべく『歌う女・歌わない女』（一九七七）を撮ったのだとヴァルダは言う。[27]ヴァルダには打ち壊すべき既成の価値観が見えていた、目をそらしはしなかった。彼女は、いかにそれが称揚されるものであれ、自身が男性中心の価値基準に組み込まれることを徹底して批判した。その無自覚な価値体系がいかに欺瞞をかかえているのか、それをよしとする社会構造がいかに権力的にふるまうかを訴えた。その鋭さは、彼女が現在に生きる人間としての批評性と意志を手離すことなく社会、文化にさしむけてきたからにほかならない（『ラ・ポワント・クールト』においても、衛生局の検査員と漁村の人々のやりとりや、なぜ弱者のおれたちをいじめるんだろうという、男の嘆きが描かれるシーン等から、人がしいられる権力構造をヴァルダが見つめていたことをうかがいしる)。ヴァルダが、一人の人間として、表現者として、その実存を一身に引き受けうる自身の「視点」を自覚していたからにほかならないのだ。「女の映画のエクリチュールは、当然ながら、女としてのわたしの意識から生まれるわけです。かならずしもモラルだけの問題ではなく、世界を、現実を、人間を見つめるときの視点の意識が問題なのです。だから、キャメラの眼はわたしの意識であり、モラルでもあり、それがわたしの映画のエクリチュールになるのです」[28]とヴァルダが言うように、彼女は一貫して「視点」を問いつづけ、自身の「映画のエクリチュール」を模索し、映画を撮る、その書きかたをさまざまな形式、文体で試行しつづけたのだ。

浜辺に日が射している。波の音がたち、静まる響きに次なる波がかさなる。絶えまなく。光がみなもに反射し、ひろがり、くだけ、たゆたう。草が風の流れに添い、そよぐ。際限はない。人の心の奥には心象風景があり、自身のそれは浜辺だとヴァルダは言った。彼女はつよい太陽の光にあこがれ、それなくしては生きられないのだと。そしてその光のもとには人がいる。浜辺を見つめる人のまなざしがあり、その人を見つめるまなざしがある。『ラ・ポワント・クールト』からはじまったヴァルダの映画を見れば、ヴァルダがのこした作品の軌跡を辿ることができる。しかしそれは、定められた懐古的なものではない。人が生きている場そのものをときに厳しく問い、ときにいとおしく寄り添い、彼女がこころみたさまざまな「映画のエクリチュール」は、現在にはたされるべき実践として、映画の終わりのなさを伝えている。彼女が「世界を、現実を、人間を見つめる」まなざしには、いたみ、悲しみ、よろこび、やさしさ、あまたのおもいがこめられている。彼女は彼女の「視点」において全身で、人と人がともに生きてあることを問い、おもいつづけた。それこそが、ヴァルダの映画の書きかた、つまりは生きかただったのだとおもう。映画は、折々に閃く輪郭だった。絶え間なくかたちをかえる渚のように。ヴァルダの映画は言っている。映画の新たな読みかたはこれからも生まれる、映画の新たな書きかたはこれからも生まれる、と。

註

1　山田宏一「フェミニズムと映画——アニェス・ヴァルダ〈監督〉と語る」『映画とは何か——山田宏一映画インタビュー集』草思社、一九八八年、四五三頁。
2　同書、四四五頁。
3　同書、四五一頁。
4　同書、四五二頁。
5　『アニエスによるヴァルダ』シネマクガフィン発売、紀伊國屋書店販売DVD版、日本語字幕より。
6　山田宏一「フェミニズムと映画——アニェス・ヴァルダ〈監督〉と語る」『映画とは何か——山田宏一映画インタビュー集』、四四二—四四四頁。強調は原文。
7　同書、四五三頁。
8　山田宏一『増補　友よ、映画よ——わがヌーヴェル・ヴァーグ誌』平凡社、二〇〇二年、三六五頁。
9　以下、『ラ・ポワント・クールト』作中の台詞の引用は、シネマクガフィン発売、紀伊國屋書店販売DVD版、日本語字幕による。
10　山田宏一「フェミニズムと映画——アニェス・ヴァルダ〈監督〉と語る」『映画とは何か——山田宏一映画インタビュー集』、四五二—四五三頁。強調は原文。
11　加島祥造「フォークナーの生涯と作品（Ⅱ）」『新潮世界文学42　フォークナーⅡ』加島祥造、篠田一士、橋本福夫訳、新潮社、一九七〇年、九〇三頁。

12 同書、九〇一—九〇三頁。

13 同書、九〇二頁。（）内は引用者。

14 「ヒロシマ、われらの愛するあなた《ノザムール》」細川晋、吉田広明訳、『紀伊國屋映画叢書 ヌーヴェル・ヴァーグの時代』遠山純生編、紀伊國屋書店、二〇一〇年、所収。

15 同書、七九頁。

16 同前。（）内は引用者。

17 同書、六六頁。

18 同書、七八頁。

19 同書、七九頁。

20 同書、六九頁。

21 『アニエスによるヴァルダ』シネマクガフィン発売、紀伊國屋書店販売ＤＶＤ版、日本語字幕より。

22 山田宏一「フェミニズムと映画——アニェス・ヴァルダ〈監督〉と語る」『映画とは何か——山田宏一映画インタビュー集』、四五五頁。

23 同書、四四二頁。

24 同書、四四九頁。

25 同書、四四五頁。

26 同前。

27 『アニエスによるヴァルダ』シネマクガフィン発売、紀伊國屋書店販売ＤＶＤ版、日本語字幕より。

28 山田宏一「フェミニズムと映画——アニェス・ヴァルダ〈監督〉と語る」『映画とは何か——山田宏一映画インタ

ビュー集』、四六〇頁。

SAMUELSON
ALGA
CINEMA

『ジャック・ドゥミの少年期』Jacquot de Nantes

ラ・ポワント・クールト

一九五五年／八〇分／原題：La pointe courte

アニエス・ヴァルダの長編処女作となるこの映画を特徴づけるのは、フランス南部の小さな漁村「ラ・ポワント・クールト」を舞台に二つの物語が交差する構造である。一つは漁師たちの慎ましい生活を、もう一つは結婚四年目になる若い夫婦の恋愛模様を描くものであり、この二重構造はウィリアム・フォークナーの小説『野生の棕櫚』から着想を得たという。ドキュメントとフィクションを織り交ぜる手法や、キュビズムを連想させる男女の顔と顔を合わせる人工的なショットには、のちに「ヌーヴェル・ヴァーグの祖母」とも呼ばれるヴァルダが究めた美学の萌芽があらわれている。

ヴァルダは当時二六歳。本作のほとんどは一九五四年に撮影されたが配給がなされず、映画館で上映されたのは二年後の事である。その後ヴァルダが『5時から7時までのクレオ』で長編映画に復帰したのは六二年。すでにジャン＝リュック・ゴダールをはじめ、同世代の男性監督たちが成功をおさめたのちの話となった。**柴垣萌子**

オペラ・ムッフ

一九五八年／一七分／原題：L'Opéra-Mouffe

冒頭の字幕に「妊婦の日記」と記されているとおり、制作当時まさに妊娠中だったアニエス・ヴァルダが16ミリで撮影した初期の短編。妊娠により大きな仕事をしづらいヴァルダは、自ら街角に三脚を立て、ムフタール通りを行き交う人々やそこで暮らす人々にカメラを向けた。「子どもを持つという希望にあふれつつ、浮浪者や酔っぱらいの間を歩きまわる矛盾」など、妊娠中に考えたことを作品にしたというが、子どもや恋人たちから浮浪者、酔っぱらいまで、様々な人々が同じ通りを行き交う様を、通行人の視線のような低く狭めの画角で収めており、客観的な視点というよりもまさに彼女の眼差しのような親密さで通りの暮らしが捉えられている。

一方で、映像と同期させた音を使わずに全編にわたり音楽を用いており、女性の歌う曲に乗せた言葉やインサート字幕は、この映画を単なる街の記録映像に留まらせず、ひとりの妊婦の主観と物語性をもたらすことに大きく寄与している。**上條葉月**

© agnès varda et enfants 1994

5時から7時までのクレオ

一九六二年／九〇分／原題：Cléo de 5 à 7

本作は、『ラ・ポワント・クールト』から七年の月日を経ての、アニエス・ヴァルダの長編二作目である。シャンソン歌手であるクレオが生体検査を受け、その結果を医師に聞くまでの二時間がほぼリアルタイムに描かれている。

自宅を訪れた、ミシェル・ルグラン演じる作曲家ボブのピアノにのせて新曲のレッスンをするクレオは、その不吉な歌詞の内容に不安に駆られ、思わず部屋を飛び出す。パリの街を彷徨うクレオは、人々の視線や街で起こる事件、割れた鏡などから、冒頭のみカラーで映されるタロットカードの配列同様、その「偶然」によって自らの死を連想していく。と同時に、友人を訪ねて一緒にドライブをするシーンなど、パリの街並みを積極的に楽しもうとするようにも見えるクレオの姿も印象的だ。

タロットから導き出された不吉な未来は幻想であっても、クレオの不安は現実のものとなってしまう。すなわち、公園で出会った兵士とともに、クレオは医師から癌の宣告を受ける。ただ、それまで心に不安を抱えていたクレオだったが、兵士が自身の死への悩みを真摯に聞いてくれたこともあってか、ここでは生への再出発ともとれるような清々しい笑顔があった。ジャン＝リュック・ゴダール、アンナ・カリーナのカメオ出演や、ジャズピアニストにして映画音楽の巨匠ルグランの出演（音楽も担当している）など、豪華な俳優陣も見どころである。

柴垣萌子

幸福

一九六五年／八五分／原題：Le bonheur

© agnès varda et enfants 1994

『5時から7時までのクレオ』に続くアニエス・ヴァルダの長編三作目で、初期の代表作のひとつ。冒頭、パリ郊外で夏の鮮やかな緑に囲まれ、モーツァルトの音楽とともに休日のピクニックに興じる夫婦の様子は〝幸福〟そのものだ。しかし、絵に描いたような幸せで満ちた生活は、夫の移り気によって、次第に変調をきたしていく。そして訪れる不可避の悲劇。「現代における幸福とは何か」という実存的な問いを、崩壊していく家族の姿を通して残酷ともいえる形で投げかける問題作だ。

当時のインタビューでヴァルダは、「これは幸福を求める個人の物語で、登場人物は皆、幸福を求めて闘っている」と述べている。劇中にジャン・ルノワールの『草の上の昼食』がテレビ画面に現れる場面があるが、本作もピクニックに始まり、ピクニックに終わる。夫婦を演じたのは、ジャン＝クロード・ドルオーとクレール・ドルオーで、二人は当時夫婦であり、彼らの実の子どもが子役で出演した。ジャン＝クロードは本作が俳優としての初の映画出演作で、その後トニー・リチャードソンや、クロード・シャブロルの映画に出演する。撮影監督の一人、クロード・ボーソレイユはモーリス・ピアラらの作品でも撮影を担った。ヴァルダは亡くなる直前の二〇一八年、パリのギャラリーで〈映画小屋——幸福の温室〉という個展を開催し、そこでは本作に登場するひまわりの模型や、35ミリフィルムのコピーなどが展示された。

井上二郎

創造物たち

一九六六年／九〇分／原題：Les créatures

街の人々を題材に物語を書く小説家（ミシェル・ピコリ）と、事故で声を失った妻（カトリーヌ・ドヌーヴ）を主人公としたSF映画。「立入禁止」の境界を越えてしまった小説家は奇妙な出来事に次々と出会い、次第に創造物と現実の区別は曖昧になり、創造が現実に影響を与えていく。

映像内映像やパートカラーを通して幾層にも重なり合う現実と創造物の相互作用といったテーマは、フィクションとノンフィクションの間を横断し続けたヴァルダらしい。また、同時にもう一つの「創造物」として妊娠・出産を描いている点は彼女ならではだ。これらの複雑な構成ゆえか、ヴェネツィア国際映画祭で上映された際には賛否両論を巻き起こし、興行的には失敗作となった。

なお、ヴァルダは四〇年後の二〇〇六年、カルティエ現代美術財団での個展〈島と彼女〉において、本作のフィルムを用いて《失敗の小屋》というインスタレーション作品を展示している。

上條葉月

ダゲール街の人々

一九七五年／八〇分／原題：Daguerréotypes

モンパルナスの一角にある「ダゲール街」に暮らす人々を捉えたドキュメンタリー。そこは華々しいパリのイメージと異なり、肉屋やパン屋、香水店に時計店などが立ち並ぶ下町風の市場になっている。主だった被写体となるのは店を営む人々で、彼らの多くが、地方や国外、つまりパリではない場所からやってきた。カメラは彼らの手仕事の美しさを捉え、人々はこっそりと打ち明けるように、自分や家族の来し方について語り始める。

「ダゲール街」の名は、一九世紀の写真術「ダゲレオタイプ」（銀板写真）を生んだルイ・ダゲールが暮らしていたことに由来する。一点ものであるこの技術は肖像写真のブームをもたらしたとされるが、本作もまた、人々の顔を丹念に捉えたポートレートの趣が強い（一方でフィクショナルな要素も織り交ぜられている）。当時、長男マチューの育児に追われていたアニエス・ヴァルダは、自宅から繋いだ電源ケーブルが届く範囲で撮影を行ったという。

井上二郎

歌う女・歌わない女

一九七七年／一二〇分／原題：L'une chante, l'autre pas

一九六〇年代初頭のパリ。歌手を志望する一七歳の女子学生ポリーヌと、写真家ジェロームと同棲し、すでにふたりの子どもを持つ二二歳のシュザンヌは出会う。シュザンヌは生活苦から三人目の子どもを堕胎しようとしており、ポリーヌは両親をだまし、中絶費用を工面してシュザンヌに与える。このことを契機として、ふたりの人生は新たな岐路を迎える。

ポリーヌはやがて人気のフォーク歌手となり、歌を通して女性の幸福や自立のメッセージを表現する。シュザンヌはジェロームの自死ののち、主に虐げられた女性たちを対象とした家族計画センターを立ち上げる。ふたりが再会するのは、彼女たちがそれぞれの道を歩んだおよそ一〇年後で、実際にフランス社会に大きな波紋を呼び起こしたボビニー裁判（人工妊娠中絶裁判）の場においてだった。こうした物語の展開に端的に見てとれるように、アニエス・ヴァルダはふたりの女性の生き方を通して、六〇年代から七〇年代にかけての、フランスの女性をめぐる意識の変革を描いている。

結婚や出産、職業などへのふたりの立ち位置は対照的だが、ヴァルダは彼女たちの生き方に優劣をつけるのではなく、むしろどちらも肯定することによって女性の自由へとエールを送っている。最後に強調されるのがこれからの時代を作っていくシュザンヌの娘（ヴァルダの娘ロザリーが演じている）の姿であることにも、女性監督のパイオニアと呼ばれた、ヴァルダらしさがうかがえる。

若林良

壁画・壁画たち

一九八一年／八一分／原題：Mur Murs

ロサンゼルスの街を彩るさまざまな壁画をめぐるドキュメンタリーで、アニエス・ヴァルダがこの街に二度目の長期滞在を行った際に制作した。多くの観光客は一瞥しただけで通り過ぎるものの、壁画のスタイルや、込められたメッセージは驚くほど多様だ。ヴァルダは壁画の作者たちとの対話を通して、表面的には見えない街の記憶を浮かび上がらせていく。

その記憶の中で大きな役割を演じるのは、女性、そしてヒスパニックなどの民族的マイノリティだ。作中、「集団的な白昼夢か、あるいは、個人的な想像の産物か、いずれにせよ『壁画』は、都市とそこに住む人々について、我々に語りかける」とのナレーションが挿入される。一方ヴァルダは、描かれた壁や建物が壊されてしまえば人々の記憶から容易に消え去ってしまうという、壁画が持つある種の流動性と儚さへの関心も抱いている。ジュリエット・ベルトが部分的にインタビュアーをつとめ、「観光客」としてクレジットされた。

井上二郎

カンフー・マスター！

一九八七年／八〇分／原題：Kung-Fu Master

ジェーン・バーキン演じる四〇歳の女性マリーが、娘のクラスメイトである一四歳の少年ジュリアンに恋をする。ジュリアンを演じるのは、アニエス・ヴァルダとジャック・ドゥミの息子であるマチュー・ドゥミ。さらにマリーのふたりの娘を、実際にバーキンの娘であるシャルロット・ゲンズブールとルー・ドワイヨンが演じるという、極めて近しい関係にある人々が劇中の相関図を構成した作品。

ジュリアンも次第にマリーに惹かれていくが、ふたりの関係を進展させる鍵となるのが、ジュリアンが始終夢中になっている「カンフー・マスター」という日本発のビデオゲームだ（邦題は「スパルタンX」）。ふたりが抱く感情を一般的な「恋愛」と呼べるかは疑問だが、この名づけがたい関係性には、恋愛とは別種の美しさをも感じられる。まるで白昼夢のようなふたりの関係はもちろん長く続かず、間もなく破局を迎える。そして、ふたりもそれをわかっていたかのようだ。

井上二郎

冬の旅

一九八五年／一〇五分／原題：Sans toit ni loi

サンドリーヌ・ボネール演じる浮浪者の少女モナが当てもなくさ迷う姿を描いた作品。ヴェネツィア国際映画祭で金獅子賞を受賞。何ものにも縛られない自由を求める少女を死から遡る形で描いており、彼女の心情や背景はほとんど語られず、観客は道中で出会う人々を通じてその人生を垣間見る。理想上の自由や現実への敗北といった意味を押しつけることなく、ただそこに生きていたという痕跡を描く手法に、ヴァルダの誠実さが感じられる。

本作は、モナの旅が回想されつつ、彼女に出会った労働者や住民達がカメラに向かって彼女について語るシーンが挿入される構成になっており、それによってドキュメンタリーふうの印象が与えられている。ヴァルダは脚本の執筆前に、舞台となった南フランスの地域で念入りな下準備をし、現地の人々のもとへ足を運び、彼らの生活についてリサーチを行った。そして、自分自身の日常生活や仕事を演じさせる形で、現地の人々を出演させている。このことをヴァルダは、「(彼らは) 自分自身の環境や仕事道具のもとでどう振る舞っていいかよく分かっていたから、ドキュメンタリー映画の中の人々のように演じてくれた」と語る。実在しないモナという少女についての台詞はヴァルダによるフィクションのものであるが、現実に映画の設定のように生きている人々に台詞を発させ、現実を取り込んだ演出下で描くことによって、モナという人物の存在にリアリティを与えている。

上條葉月

アニエスv.によるジェーンb.

一九八七年／一〇五分／原題：Jane B. par Agnès V.

ジェーン・バーキンの魅力を、彼女との対話や娘シャルロットたちとの何気ない日常の描写、そして演技から探る作品。ジェーンについて常に語られる、スキャンダラスな恋愛などからはうかがい知れないコンプレックスや、気取らない素朴な人柄が引き出され、またジャンヌ・ダルクやアリアドネへと変幻自在に姿を変えるジェーンの身体を通じて、女優としての魅力が再発見される。さらには、ダリやルソーなどの絵画の一部になったかと思うと、ヴァルダと二人でローレル&ハーディに扮装してスラップスティック・コメディを繰り広げる。ヴァルダは映画を遊びの道具に変換してみせるのだ。

この企画の始まりはジェーンからのファンレターで、そこで二人は初めて対面する機会を持つことに。ジェーンは年をとることの恐怖を、ヴァルダは四季をモチーフに映画を作りたいと語り合い、その共同作業の成果としての『カンフー・マスター！』も引用される。題名はアニエスベーにあやかったもの。

大内啓輔

ジャック・ドゥミの少年期

一九九一年／一一八分／原題：Jacquot de Nantes

フランス西部の港町ナントで育ったジャック・ドゥミ。一九九〇年に五九歳で世を去った彼が少年期に抱いていた映画への憧憬を、その伴侶であったアニエス・ヴァルダが愛情たっぷりに描く。ドゥミの代表作の一場面やその晩年の映像などを織り交ぜながら、人形劇や物づくりに熱中する八歳の〝ジャコ〟が映画の世界へと歩き出す過程が描かれる。

過去と現在を自由に往還しながら、実際の作品と少年期の逸話、そして死の直前まで夢見るような眼差しを忘れないドゥミの物静かな、だが揺らぎのない言葉が現れ、本作は亡き夫を追慕するラブレターであるとともに、ドゥミ映画をめぐる傑出した創作論としても見ることができる。全編にわたって幸福感に満ちあふれているが、その陰には過ぎ去った幸福な時間への切ない悲哀も感じられる。そして何より、この映画にドゥミの残した作品たちとの類似性を色濃く感じられることが、私たちに深い感動を呼び起こす。

大内啓輔

マドモワゼルたちは二五歳になった

一九九三年／六三分／原題：Les demoiselles ont eu 25 ans

ジャック・ドゥミの『ロシュフォールの恋人たち』の公開から二五年、カトリーヌ・ドヌーヴとフランソワーズ・ドルレアックの実の姉妹が演じる主人公の双子姉妹と作品が同い年になったことを記念して、アニエス・ヴァルダが制作したドキュメンタリー。

作品からの引用はもちろん、撮影当時の貴重な記録映像からの抜粋や、関係者へのインタビューといった要素で構成される。祝祭の高揚感に満ちていた数ヶ月におよぶ『ロシュフォールの恋人たち』の撮影風景を知ることができるとともに、一九九〇年に他界した亡き夫のささやかな仕草を優しげに捉える、ヴァルダの視線を追体験することができる。

本作は、一つの映画が小さな海辺の街を一変させるさまを収めた記録であり、ジーン・ケリーと話すドゥミの姿といった、今は失われた愛おしい時間の記憶でもある。同時期に撮影された英語版での変更点など、トリビアルな事柄も明かされ、それもまた興味深い。

大内啓輔

百一夜

一九九五年／一三五分／原題：Les Cent et une nuits

映画の誕生から一〇〇年が経つのを記念し、アニエス・ヴァルダが映画への愛とリスペクトを表現したヴァルダ版『ニュー・シネマ・パラダイス』。映画史の生き証人である、一〇〇歳を目前にしたシネマ氏のもとに、話の聞き役として若い女性カミーユがアルバイトで訪れ、彼らの対話を軸に物語が進んでいく。

劇中の会話で触れられる、またはそのシーンが挿入される映画は『市民ケーン』『キング・コング』『8 1／2』など多岐にわたり、リュミエール兄弟の『水をかけられた散水夫』などパロディとして再現される映画もまた多様だ。登場する映画はいわゆる「芸術映画」が多いものの、むしろ作中の豪華絢爛な仮装や、『都会のひと部屋』の喉を切る場面のような「見世物」にも近いシーンの積極的な挿入は、変に格式張ることのない、時には猥雑さもともなった自由な幻想こそが映画なのだというメッセージを感じさせる。シネマ氏を演じたミシェル・ピコリをはじめ、欧米のスターたちの共演もまた楽しい。

若林良

落穂拾い

二〇〇〇年／八二分／原題：Les glaneurs et la glaneuse

© ciné tamaris 2000

かつてはジャン＝フランソワ・ミレーなどに画題を提供した「落穂拾い」。この慣習は農業の機械化などにより廃れたが、パリの市場で落ちているものを拾う人々を目にするうちに、アニエス・ヴァルダは「現代の落穂拾い」を探すことを思いつく。画一的な基準から外れ、廃棄される大量の規格外野菜を発見するジャガイモ畑を皮切りに、ハンディカメラを手にフランス各地をめぐるヴァルダの、「映像の落穂拾い」が始まる。

旅の中でヴァルダが見出していくのは、ゴミ箱や粗大ごみ廃棄場からガラクタを集めて作品を創り上げるアウトサイダー・アートの作家をはじめ、社会におけるさまざまな周縁にいる人々の姿。とりわけ彼女が心惹かれるのは、修士号を持ちながら定職がなく市場で野菜やパンを漁って食費を浮かせ、ボランティアで難民にフランス語を教える一人の男性だ。多くの無駄を生み出す大量消費社会への率直な疑問から出発し、現代日本も共有するより広範な社会問題の提示へと繋げることで、本作には二〇年以上を経た現在もアクチュアルなテーマが宿り、そこにヴァルダの慧眼を実感することができる。だが、カメラを通した彼女の視線はあくまで穏当で、ユーモラスな語りの調子を保ったまま。かつ、生産者側のインタビューなども挟み込むことで客観性を忘れない。ナレーションを通して知る、何をカメラに写すべきかを試行錯誤するヴァルダの姿に、その方法論をうかがい知ることも可能だろう。

大内啓輔

アニエスの浜辺

二〇〇八年／一一〇分／原題：Les plages d'Agnès

八〇歳を前にしたアニエス・ヴァルダが、彼女の人生における様々な時期を象徴する五つの浜辺を中心に、自分自身、家族や友人、芸術、人生について語ったセルフ・ポートレイト作品。幼少期を過ごした浜辺に並べられたいくつもの鏡が光を受けて輝く冒頭のシークエンスは、作品全体を象徴するようで印象的だ。本作はヴァルダの人生や記憶を、鏡のようにフレーム内に切り取ると同時に、反射する鏡が新たな風景を作るように、色鮮やかな心象風景を描き出した作品となっている。

　ヴァルダは映画制作の下準備としてよくメモや写真を貼り付けたスクラップブックを作っていたが、本作を撮るにあたっては、シーンの構成まで含めた詳細なテキストを準備した。被写体が作家本人であり、映画の演出や構成を把握しながら作られたこの作品は、彼女のそれまでのドキュメンタリー作品とは一線を画するものといえよう。それまでにも、『ジャック・ドゥミの少年期』や『落穂拾い』など、ヴァルダは自らナレーションを加えたり、画面上に登場することで〝眼差す作り手〟としての自身を作品に反映してきた。しかし、周りの家族・友人、社会をカメラを通じて眼差す作品群とは異なり、本作はついに全編をとおして自身が作品の主題となっている。眼差す作り手としてのヴァルダが主題としてヴァルダを描く、まるで合わせ鏡のような関係性がとても興味深い。作家としても一人の人間としても、集大成のような試みといえる。

上條葉月

顔たち、ところどころ

二〇一七年／九四分／原題：Visages Villages　※JRとの共作

八七歳になったアニエス・ヴァルダは、参加型アートプロジェクト「Inside Out」で知られる三三歳の写真家・JRとフランスの田舎をめぐる旅に出る。そこでのふたりは畜産農家や港湾労働者の妻たちといった市井の人々と接し、大型の写真作品をともに残していく。旅の過程では写真家ギイ・ブルダンをはじめ、ヴァルダがかつて親交を結んだ人たちとの思い出の場所もあらわれ、彼女の過去の記憶に触れられるいっぽうで、ルーヴル美術館をJRの押す車椅子で疾走するなど、晩年を迎えても衰えない、現在進行形のヴァルダのバイタリティを実感することもできる。

作中では巨大な目の写真を制作する機会などもあるものの、自身は常に黒眼鏡を外さないJR。彼の姿勢はヴァルダの盟友ジャン＝リュック・ゴダールのかつての姿勢と重なるが、やがて最後にもたらされる、「目」をめぐる感動もまた特筆に値する。カンヌ国際映画祭ではルイユ・ドール（〝金の眼〟賞）を受賞。

若林良

アニエスによるヴァルダ

二〇一九年／一一四分／原題：Varda par Agnès

『ラ・ポワント・クールト』から『顔たち、ところどころ』まで、半世紀以上にわたって映画作家としての道のりを歩んできたアニエス・ヴァルダが、自らその創作の過程を振り返る、ヴァルダの遺作となった作品。ヴァルダは講演会で大衆を前にして、「ひらめき」「創造」「共有」の三つの言葉をキーワードに、自らの作品の背景を語り、撮影の裏側を明かしていく。

『幸福』をはじめとした映画作品への言及はもちろん、《パタテュートピア》など日本ではその全貌を知ることが困難な、インスタレーションや写真作品の概要も語られるため、本作の資料的価値は高い。同時に、表現者としてのヴァルダの多面性に改めて驚かされる。

最後に海辺のシーンで幕を下ろすことに、『ラ・ポワント・クールト』にはじまり、その後も『アニエスの浜辺』などいくつもの作品で海辺を重要なモチーフとして描いてきたヴァルダの、作家としての見事な円環が感じられる。

若林良

あとがき

二〇〇一年に伏屋博雄がメールマガジンneoを立ちあげて二〇年。二〇一二年にドキュメンタリーマガジンneoneoとして活動を広げて、紙の雑誌を一二冊刊行し、neoneo webの運営をはじめてもうすぐ一〇年になる。その間にドキュメンタリー映画をめぐる社会環境も大きく変化した。ドキュメンタリー作品は全国のミニシアターにとどまらず、シネコン、DVDやブルーレイなどのソフト販売、インターネットを通じた配信ビジネスにおいて欠かせない存在になった。すさまじいスピードで変化するシーンに対して、年に数回刊行する紙の雑誌では追いつけず、その仕事はneoneo webに一元化することにした。思想家のヴァルター・ベンヤミンは、過去や歴史は確固たる不動のものではなく、その時代その状況において、その都度新しく見出されるものだと考えた。わたしたちはドキュメンタリー表現の概念を拡張し、さまざまな映画作家の創作のなかに記録性を再発見するべく、映画史を再検討する段階に入った。そこで「ドキュメンタリー叢書」を創刊し、二〇二〇年一一月に一冊目となる『ジョナス・メカス論集』を出版した。このたび刊行された二冊目の『アニエス・ヴァルダ』は、日本語圏では一冊丸ごとをヴァルダに捧げた初めての書籍となる。

二〇一九年三月にアニエス・ヴァルダが亡くなった後も、国内では作品の上映が続いている。女性の権利の問題に関心が集まるなかで、ヴァルダはフェミニストとして再評価されているが、本書では長いスパンで読めるように、ドキュメンタリーのみならず、劇映画、エッセイ映画も含む多ジャンルの作品を取りあげ、さらにヌーヴェル・ヴァーグの歴史、ジャック・ドゥミとの関係性、写真家や美術家としての活動などにも触れる、多面的な構成となるように心を配った。誰よりも最初に、原稿の執筆をこころよく引き受けて下さった、論考と作品解説の執筆者のみなさまにお礼を申し上げたい。編者は金子遊、若林良、吉田悠樹彦の三名が担当したが、その中一部の編集作業は大内啓輔氏に助力を請うた。書籍の制作は長期間にわたる根気のいる作業であるが、その中心を担ったのは、執筆のうえレイアウトと装幀とカバーデザインを手がけた菊井崇史氏であった。心より感謝したい。執筆者が文章を練りあげるための校閲を担当したのは、村井厚友氏である。氏のプロフェッショナルな仕事に最大限の敬意を表したい。

二〇二一年八月

著者・編者・制作スタッフを代表して

金子 遊

東 志保（あずま・しほ）
映画研究、比較文化論。大阪大学大学院文学研究科准教授。著書に『クリス・マルケル　遊動と闘争のシネアスト』（共編、森話社、二〇一四）、『ジャン・ルーシュ　映像人類学の越境者』（分担執筆、森話社、二〇一九）など。

井上二郎（いのうえ・じろう）
一九九〇年生まれ。学生時代に「MIRAGE」という映画批評雑誌の編集に携わる。その後は会社勤めをしながら、時折、翻訳をしたり、neoneo の雑誌編集などに関わったりしている。

魚住桜子（うおずみ・さくらこ）
パリ在住二〇年のフリージャーナリスト。「映画芸術」「キネマ旬報」などに映画人のインタビュー記事を中心に寄稿。ほかにも、食やフランス文化、暮らしにまつわる取材、執筆を行う。著書に『映画の声を聴かせて』（森話社）。

大内啓輔（おおうち・けいすけ）
一九九〇年生まれ。早稲田大学大学院文学研究科演劇映像学コース修士課程修了。論文に「ウディ・アレン『アニー・ホール』におけるオートフィクションの様相」（『演劇映像』56号所収）など。

大寺眞輔（おおでら・しんすけ）
映画批評家、早稲田大学・日本大学芸術学部映画学科講師、字幕翻訳など。IndieTokyo、新文芸坐シネマテーク／オンライン映画塾主催。編著に『現代映画講義』（青土社）、インタビューを務めた書籍に『黒沢清の映画術』（新潮社）。

金子 遊（かねこ・ゆう）
批評家・映像作家。著書『映像の境域』（森話社）でサントリー学芸賞〈芸術・文学部門〉受賞。他の著書に『ワールドシネマ入門』（コトニ社）、『光学のエスノグラフィ』（森話社）など多数。共編著に『ジョナス・メカス論集』など。neoneo 編集委員。

上條葉月（かみじょう・はづき）
一九九二年生まれ。字幕翻訳者。翻訳業の傍ら、映画上映シリーズ「Pigeon Films」やＺＩＮＥ「COUCHONS」を主宰。

菊井崇史（きくい・たかし）
一九八三年生まれ。詩、評論、写真等を発表。書籍や美術館展覧会図録の編集等にもたずさわる。二〇一八年詩集『ゆきはての月日をわかつ伝書臨』、『遙かなる光郷へノ黙示』（共に書肆子午線）刊行。

児玉美月（こだま・みづき）
主に映画執筆業。『リアルサウンド』、『キネマ旬報』、『映画芸術』、『ユリイカ』や劇場用パンフレットなどへの寄稿、トークイベントへの登壇を行う。共著に『「百合映画」完全ガイド』（星海社新書、二〇二〇年）。

柴垣萌子（しばがき・もえこ）
一九九四年生まれ。小説・映画脚本・映画評の執筆に携わる。

千葉文夫（ちば・ふみお）
早稲田大学名誉教授。著書に『ミシェル・レリスの肖像』（みすず書房、二〇一九年）、共編著に『ジャン・ルーシュ』（森話社、二〇一九年）、訳書にレリス『縫糸』（平凡社、二〇一八年）などがある。

原田麻衣（はらだ・まい）
一九九三年生まれ。フランス映画研究。京都大学大学院人間・環境学研究科博士後期課程在籍。

松房子（まつ・ふさこ）
写真、アニメーション研究。武蔵野美術大学映像学科卒業。総合批評誌「エクリヲ」、「ユリイカ」などに寄稿。

吉田悠樹彦（よしだ・ゆきひこ）
一九七五年生。メディア研究、芸術学・芸術評論。近現代の演芸、レニ・リーフェンシュタールや戦前の映画に対する検閲に関する論文がある。共著に *The Routledge Companion to Butoh Performance*（二〇一八年）。neoneo 編集委員。

若林良（わかばやし・りょう）
一九九〇年生まれ。映画批評／ライター。論考に「「障害」を見る私たち」（映画『ナイトクルージング』パンフレット所収）、「「現在進行形」の神代辰巳——『女地獄 森は濡れた』を例に」（『ヱクリヲ vol.5』所収）など。neoneo 編集委員。

写真・イラスト 提供
カバー写真 魚住桜子
本文イラスト 住本尚子

ジャック・ドゥミの初期傑作 Blu-ray BOX
(『ローラ』『天使の入江』『ジャック・ドゥミの少年期』)
発売元：株式会社アイ・ヴィー・シー
定価：￥15,000（税別）

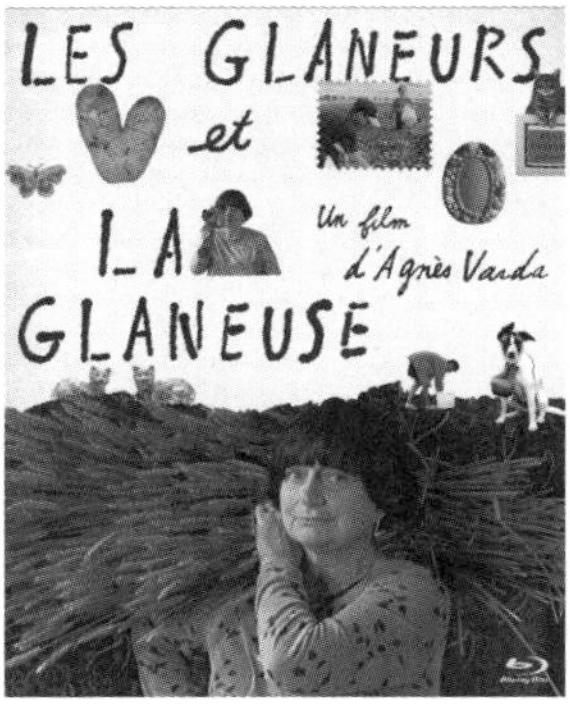

『落穂拾い』Blu-ray
発売元：株式会社アイ・ヴィー・シー
定価：￥5,800（税別）

『アニエスによるヴァルダ』DVD
発売元：シネマクガフィン
販売元：紀伊國屋書店
定価：￥4,800（税別）

Blu-ray・DVD リリース情報

※2021 年 7 月現在　　　　画像提供・協力　ザジフィルムズ

『ラ・ポワント・クールト』DVD
発売元：シネマクガフィン
販売元：紀伊國屋書店
定価：¥4,800（税別）

『5 時から 7 時までのクレオ』Blu-ray
発売元：株式会社アイ・ヴィー・シー
定価：¥4,800（税別）

『幸福』Blu-ray
発売元：株式会社アイ・ヴィー・シー
定価：¥4,800（税別）

『ダゲール街の人々』DVD
発売元：シネマクガフィン
販売元：紀伊國屋書店
定価：¥4,800（税別）

ドキュメンタリー叢書 #02
アニエス・ヴァルダ　愛と記憶のシネアスト

2021年8月8日　発行　　定価はカバーに表示しています

編　　集　金子 遊・若林 良・吉田悠樹彦

編集協力　大内啓輔

校　　閲　村井厚友

レイアウト
装　　幀　菊井崇史

発行所　neoneo 編集室

〒155-0031　東京都世田谷区北沢 4-4-8-2A
TEL　090-8108-7971
mail　neoneo.mag@gmail.com
http://webneo.org/

印刷･製本　株式会社 イニュニック

Printed in Japan
ISBN 978-4-906960-13-2
落丁本・乱丁本はお取り替えいたします。